A SABEDORIA NO TRABALHO

Let Davidson, Ph.D.

A SABEDORIA NO TRABALHO

O Despertar da Consciência no
Local de Trabalho

Tradução
MAURÍCIO DE ANDRADE

EDITORA CULTRIX
São Paulo

Título original: *Wisdom at Work.*

Copyright © 1998 Let Davidson.

Publicado originalmente nos Estados Unidos por Larson Publications da Paul Brunton Philosophic Foundation.

Todos os direitos reservados. Nenhuma parte deste livro pode ser reproduzida ou usada de qualquer forma ou por qualquer meio, eletrônico ou mecânico, inclusive fotocópias, gravações ou sistema de armazenamento em banco de dados, sem permissão por escrito, exceto nos casos de trechos curtos citados em resenhas críticas ou artigos de revistas.

Página 63: POESIA DE ROBERT FROST, organizada por Edward Connery Lathem, copyright 1936, © 1964 Lesly Frost Ballantine, © 1969 Henry Holt and Company, Inc., © 1997 Edward Connery Lathem. Reproduzida com permissão de Henry Holt and Company, Inc.

Dados Internacionais de Catalogação na Publicação (CIP)
(Câmara Brasileira do Livro, SP, Brasil)

	Davidson, Let
	A sabedoria no trabalho : o despertar da consciência no local de trabalho / Let Davidson ; tradução Maurício de Andrade. — São Paulo : Cultrix, 2004.
	Título do original: Wisdom at work. Bibliografia. ISBN 85-316-0855-4
	1. Administração 2. Ambiente de trabalho 3. Consciência 4. Liderança 5. Sabedoria I. Título.
04-6027	CDD-650.01

Índices para catálogo sistemático:

1. Consciência no local de trabalho : Administração
650.01
2. Sabedoria no trabalho : Administração
650.01

O primeiro número à esquerda indica a edição, ou reedição, desta obra. A primeira dezena à direita indica o ano em que esta edição, ou reedição, foi publicada.

Edição	Ano
1-2-3-4-5-6-7-8-9-10-11	04-05-06-07-08-09-10-11

Direitos de tradução para a língua portuguesa
adquiridos com exclusividade pela
EDITORA PENSAMENTO-CULTRIX LTDA.
Rua Dr. Mário Vicente, 368 — 04270-000 — São Paulo, SP
Fone: 6166-9000 — Fax: 6166-9008
E-mail: pensamento@cultrix.com.br
http://www.pensamento-cultrix.com.br
que se reserva a propriedade literária desta tradução.

Impresso em nossas oficinas gráficas.

Para Papaji,

amado mestre,

H.W.L. Poonja, 1910-1997,

com incomensurável gratidão pela dádiva impossível.

SUMÁRIO

AGRADECIMENTOS 9

I INTRODUÇÃO 13
O despertar / Questionamento e diálogo / Vida, liberdade e
busca da felicidade: o próximo desenvolvimento? / A grande
excursão

II A CONSCIÊNCIA NO TRABALHO 21
O despertar da consciência no local de trabalho / O desafio da
mestria / Organizações conscientes / Onde os anjos temem
pisar / A linguagem do mistério / Espiritualidade e religião /
O ser de todo o fazer / A consciência: uma perspectiva global

III A SABEDORIA PERENE E O LOCAL DE TRABALHO 49
A sabedoria perene / Como aplicar o caminho da sabedoria
no trabalho / Princípios essenciais / O cultivo de qualidades
individuais / A mestria da tecnologia da transformação /
O equilíbrio entre ser e fazer / O despertar

IV O DESPERTAR DA LIDERANÇA 69
O espírito de liderança / Karmacologia / Dar autonomia: compar-
tilhar o dom do poder / Qualidades do líder desperto:
Autopercepção, Integridade, Coragem, Aceitação de si mesmo,
A essência da compaixão: compartilhar o dom do amor

V A MARCA DA LIDERANÇA CORAJOSA 105

Um novo experimento / Rumo às corredeiras / O trabalho interior /*Feedback*, o alimento dos campeões / Como absorver o golpe / O início da transformação / Com uma pequena ajuda dos meus amigos / O mergulho profundo na consciência / Um ano depois

VI INSTRUMENTOS DE MESTRIA 123

O paradoxo da prática / Meditação: a prática de ser consciente / Meditação com percepção da respiração / A atenção da mente / Como identificar limitações e obstáculos / A tecnologia da criação / Declaração / Visualização / O exame do corpo / A intuição / O silêncio / Ser consciente

VII A LIBERDADE NO FLUXO DE TRABALHO 157

A liberdade no equilíbrio / A separação / O *koan* da liberdade no trabalho / Entrando na correnteza / O equilíbrio entre compromisso e desapego / Confiança e entrega / Inatividade plena no fluxo

BIBLIOGRAFIA 183

AGRADECIMENTOS

Quero agradecer ao meu editor, Paul Cash, por ter gentilmente conferido ordem, clareza e fluência a uma grande quantidade de material, e pela sua paciência e infalível boa vontade para com um escritor enjoado.

Quero também expressar minha gratidão a Timothy Smith, o primeiro a sugerir que eu tinha um livro em mim, e pelo seu judicioso aconselhamento para que eu retomasse o livro toda vez que eu queria abandoná-lo; a todos os membros do grupo de discussão na Internet Wisdom_at_Work, do qual fui mediador de 1995 a 1997, cujas conversas animadas e profundas por *e-mail* suscitaram os primeiros rascunhos de grande parte dos escritos e idéias deste livro; e a Karen Speerstra, pelo encorajamento e pela orientação editorial nas minhas primeiras tentativas de organização.

Aos meus colegas: Judi Neal, do Centro para o Espírito no Trabalho, pelo seu amor e encorajamento; Jeffrey Mishlove, pelo seu generoso apoio à minha escrita nos grupos *on-line* da Intuition Network; Alex Pattakos, ex-presidente da Renaissance Business Associates, por me dar a oportunidade de escrever para o jornal da RBA e por patrocinar o Wisdom_at_Work *on-line*; Marcus Robinson, pela sua amizade e por me permitir publicar uma parte deste material no seu *site*; Copthorne MacDonald, por colocar meu primeiro artigo no seu *site*; Martin Rutte, James Berry e Marty Raphael, por me darem a oportunidade de discutir estas idéias na Segunda Conferência Internacional Anual sobre Espiritualidade nos Negócios; Joel Metzger, por me encorajar a publicar eletronicamente na sua *Online Noetic Network*;

e Gigi Van Deckter, pela sua recomendação intuitiva e cordial, insistindo em que eu fosse autêntico.

Aos meus queridos amigos de *dharma*: David Mulveny, pela nossa contínua conversa sobre a liberdade; Hanuman, pela sua desapaixonada insistência em publicar e por todas as nossas conversas sobre a realidade subjacente a este trabalho; Mitch Bobrow, pelo seu entusiástico apoio; Gangaji, verdadeiro coração irmão, pelo seu encorajamento jovial e incondicional e por compartilhar a verdade; e para Richard Lal Gordon, por três décadas compartilhando juntos o mistério e sempre validando minhas tentativas de integração no mundo.

Para meu amigo e colega Bonnie Harrison, por abrir muitas portas para o meu trabalho na Universidade de Cornell e na Corning Incorporated; Charles Craig, Lina Echeverría, Jacques LeMoine, dr. Joseph Mathey, Eve Menger, Jeff Monroy, Randy Schiavone, Jim Scott e Keith Vaughan, por encorajarem o trabalho na Corning; e Garry e Sherry de Rose, e o *staff* do College Center de Finger Lakes; Judy Acheson, Mick Ellis, Ellen Ely, Jared Harrison, Ron Loomis, Louise Maynard, Mike Nunno, Rob Osborn, Dennis Osika, John Rudan e Jean Samuelson, por apoiarem o meu trabalho tão gentilmente na Universidade de Cornell; Marilyn Draxl, Linda Vincent e o *staff* de Conceptual Systems Inc., pela oportunidade de treinar líderes; Joseph McCollough, Susan Villaescusa, Ann Fortune e o *staff* do Carondelet Management Institute, por me enviarem a quinhentas cidades no país para pôr em prática muitas destas idéias em seus seminários; Paul Deslauriers e Chistine Warner, da New Resources for Growth, pelas longas discussões sobre a consciência e o nosso bom trabalho juntos; e Gloria Cox, Treasure Miller e os gerentes de Harbin Hot Springs, por me permitirem trabalhar tão estreitamente com eles em seu nobre experimento para criar uma organização verdadeiramente consciente.

Gostaria também de agradecer a meus professores cuja influência aparece neste livro: Richard Morse, por me revelar o espírito secreto e o significado da história, e a Philip Curtin, por me ensinar a arte da história; a Robert Youngblood, David Allen e o Insight Consulting Group, pelos seus ensinamentos lúcidos sobre a tecnologia interior da mudança; e a Peter Block, por demonstrar mestria como consultor que vive o espírito em seu trabalho.

Aos meus professores espirituais: Swami Satchidananda, que me iniciou no estudo de yoga de uma vida inteira; Werner Erhard e os treinadores *est*, que me mostraram um vislumbre da antiga sabedoria integrada na vida moderna; aos meus professores de Vipassana, N. S. Goenka, Joseph

Goldstein e Alan Clements, que me ensinaram a atenção; a Joshu Sasaki Roshi, que de forma tão ousada manifestou a realidade do Zen; e, principalmente, a meu amado mestre H.W.L. Poonja — Papaji — cuja presença vive em cada palavra deste livro.

Finalmente, sou profundamente grato a Barbara, minha mulher, companheira espiritual e professora por quase 25 anos, pelo seu paciente apoio e conselho, e por proporcionar o espaço para o meu trabalho dentro de nossa amorosa vida familiar.

Como primeiro bem, adquire a sabedoria
e a custo de tudo procura o entendimento.
Arrebata-a, e ela te exaltará;
glorificar-te-á, se a abraçares.
Ela fará sobre a tua cabeça adornos graciosos,
e te cobrirá com uma coroa brilhante.

— Provérbios 4:7-9
Edições Paulinas, 1979

Eis aqui o teste da sabedoria,
A sabedoria não é testada nas escolas,
A sabedoria não pode ser passada de quem a tenha para quem não a tem,
A sabedoria é da alma, não é suscetível de prova, tem a sua própria prova,
Aplica-se a todos os estágios e objetos e qualidades e seu conteúdo,
É a certeza da realidade e imortalidade das coisas,
e a excelência das coisas;
Alguma coisa há na flutuação da visão das coisas
Que a provoca para fora da alma.

— Walt Whitman, *Leaves of Grass*

O que aprendemos depois que sabemos tudo é o que conta.

— Sêneca

I

INTRODUÇÃO

O Despertar

Este livro é sobre o despertar: o despertar da plenitude de quem somos e de como todo o nosso Eu pode ser integrado em nosso trabalho cotidiano.

Durante os últimos trinta anos, como historiador, treinador organizacional, consultor e orientador de lideranças, procurei atravessar o que pareciam ser dois mundos separados e irreconciliáveis. Nessa tentativa, reconfortei-me em saber que até mesmo o grande transcendentalista americano Ralph Waldo Emerson lutou para integrar o infinito domínio do espírito com a vida atarefada do trabalho:

> A pior característica dessa dupla consciência é que as duas vidas, da atividade e da alma, que vivemos, realmente mostram muito pouca relação entre si; uma prevalece agora, toda rumor e estrondo; e a outra prevalece depois, toda infinidade e paraíso; e, com o progresso da vida, as duas não descobrem nenhuma disposição maior de se reconciliarem.

Perseguindo essa integração, tenho vivido com estas questões centrais:

Pode o nosso trabalho ser um local de transformação, crescimento espiritual e, enfim, de auto-realização?

Como podemos sentir e expressar a realização por meio do nosso trabalho para ganhar a vida?

Introdução 13

O que a autoconsciência e o amor parecem no cenário do trabalho?

Podemos revitalizar as nossas organizações e moldá-las em harmonia com os nossos valores e verdade mais profunda?

Como podemos criar trabalho significativo, satisfatório, e organizações conscientes, saudáveis?

O que motivará as pessoas a cuidarem de sua felicidade, satisfação e bom desempenho no trabalho?

Que desafios e controvérsias permeiam a discussão sobre espiritualidade no cenário de trabalho?

E, muito recentemente: Qual é o papel do ciberespaço em todo esse processo?

Descrevo aqui os diferentes caminhos que segui para responder a essas perguntas e descobrir essa união. Todos eles tratam de como tenho aplicado princípios e técnicas da Filosofia Perene — a sabedoria da essência das tradições psicológicas, espirituais e filosóficas do mundo — no local de trabalho e na vida empresarial. Retratam três décadas de estudo e prática pessoal nas tradições da sabedoria do Oriente e do Ocidente, em que fui afortunado em trabalhar com mestres do zen, da yoga, do vipassana, do Advaita vedanta e de tradições americanas contemporâneas de esclarecimento e prática, bem como a investigação que fiz da minha herança nativa judeu-cristã.

Durante esses anos, acabei por ver o local de trabalho como um terreno legítimo para o despertar da consciência e da atividade do espírito. Aprendi que há uma paz, autoconhecimento e felicidade que podem ser conhecidos e vividos na vida cotidiana e no trabalho, e que é possível realizar o nosso mais profundo Eu no contexto de nossas organizações e negócios.

Questionamento e Diálogo

Recentemente, compreendi o quanto gosto de compartilhar este processo com as pessoas. Tenho muita satisfação em criar relacionamentos íntimos e engajar as pessoas num questionamento sincero e cordial sobre como essa compreensão pode ser vivida no trabalho. Estabelecemos um diálogo honesto, falamos sobre como é importante ser aberto e estar consciente dos desafios que envolvem a tradução dos nossos pontos de vista. Tenho dedicado atenção especial ao desenvolvimento de uma linguagem que inclua tantas pessoas quanto possível e que proporcione um terreno comum para compartilhar nossas experiências mais íntimas. Isso freqüentemente leva ao verdadeiro diálogo, em que o meio é realmente a mensagem — isto é, o processo de comunicação em si mesmo se torna a comunhão, não necessariamente a aceitação de certo ponto de vista ou a consecução de um resultado específico.

A tarefa real que se apresenta a nós, indivíduos que aspiram a viver as verdades mais profundas e também profissionais comprometidos com o suporte às mudanças no local de trabalho, é integrar sabedoria e trabalho, o espiritual e o prático, trazer o céu para a estrada e o coração para o mercado. Podemos encontrar o terreno comum do contador de feijão e do sonhador, daqueles que exigem medições, lógica e prova e daqueles que sabem por intuição e sentimento? Podemos juntar o impulso para o trabalho produtivo e a necessidade interior de amor e comunhão?

Dada a mescla volátil de possibilidades agora interagindo de forma imprevisível em nosso mundo, parece essencial que façamos isso. A consciência parece estar se revelando progressivamente — pelo menos para certos segmentos da população — numa visão emergente holística e unitiva da vida e do trabalho. Mas estamos dispostos a sanar a divisão dualista que fragmenta a pessoa em um objeto de produção e permitir o ser inteiro em nosso trabalho? Estamos dispostos a integrar a nossa vida interior e exterior e ver o trabalho como o lugar de realização de um meio de vida significativo e de encorajamento da realização individual e da liberdade? A liderança é suficientemente esclarecida para se erguer nessa ocasião e reconhecer a oportunidade?

E, se quisermos buscar isso de forma autêntica, estaremos dispostos a lidar com a caixa de Pandora de visões conflitantes e resistência que muito provavelmente acompanhará as tentativas de tratar dessas questões no trabalho? Como podemos preservar o pluralismo essencial, a diversidade e a tolerância de nossa sociedade e ao mesmo tempo discutir as crenças e os valores mais profundos na vida das pessoas?

Estamos prontos para participar de um diálogo — já começando a surgir na sociedade americana — como o contexto necessário para a consciência expandida? Nós nos defrontaremos uns com os outros e honestamente discutiremos as diferenças e as semelhanças entre as visões humanistas seculares e as religiosas, entre os caminhos liberais e fundamentalistas, entre crenças universais e dogmáticas de um único caminho, entre modos dualistas e unitivos de consciência? Como lidaremos com aqueles que não consideram apropriado incluir quaisquer dessas preocupações no trabalho? Ou com aqueles que buscam impor apenas a sua própria maneira?

Parece ser a ocasião para esse diálogo, já que a evolução o requer, para dar o próximo passo e para a consciência enxergar-se mais claramente. É o questionamento em que cada indivíduo, organização ou sociedade tem de se empenhar para a própria introspecção e realização. Quem sou eu? Quem somos nós juntos? O que estamos fazendo aqui? O que criaremos juntos? Estas são as antigas perguntas que tradicionalmente levaram à sabedoria e às soluções apropriadas. O meu palpite é que o nosso comprometimento total nesse processo de questionamento e diálogo nos possibilitará revelar denominadores comuns para uma consciência nova e integrada, relevante para as organizações e o trabalho do século XXI.

Vida, Liberdade e Busca da Felicidade: O Próximo Desenvolvimento?

Um aspecto da visão emergente do trabalho envolve um desenvolvimento do sonho americano de "vida, liberdade e busca da felicidade" — uma nova abordagem que reconheça o significado mais profundo de cada um desses termos.

O que verdadeiramente a *vida* — uma vida realmente equilibrada e saudável — significa para nós a esta altura? Podemos atualizar os transcendentalistas americanos do século XIX, Emerson, Whitman e Thoreau, que previram integrar uma ética saudável de trabalho e uma consciência esclarecida, em que o bom trabalho é fundado no respeito à alma? Muitos dos que aplicam o cultivo emersoniano da automestria descobrem que o trabalho na verdade se torna um veículo para a liberdade individual e a realização do potencial individual.

Podemos desenvolver o sonho de *liberdade* e reconhecer que as liberdades sociopolítico-econômicas que ainda procuramos implementar estão fundadas na liberdade final de estar desperto como consciência ou espírito em si mesmo? O despertar e o reconhecimento de nossa identidade universal compartilhada oferece a nossa melhor esperança de verdadeiramente celebrar a rica diversidade de nossas diferenças.

Continuaremos a interpretar a *busca da felicidade* principalmente em termos materiais, e dentro dos limites do próprio interesse? Ou estamos dispostos a procurar a felicidade duradoura de que falam as tradições de sabedoria como a nossa verdadeira natureza, aquela que somos e sempre temos sido? Para aqueles que o fazem, o trabalho deixa de ser meramente um meio para um fim, e se torna a plena expressão de nossa identidade, alegria e bem-estar.

O grande desafio destes tempos é despertar para a origem do nosso fazer, compreender o estado de ser (*is-ness*) subjacente ao nosso estado de nos manter ocupados (*busy-ness*). Quer o chamemos de alma, espírito, o sagrado, Deus, o divino, ser verdadeiro, potencial humano, energia, consciência, realidade ou o que mais for, é a essência subjacente e a presença unificadora dentro de todas as coisas, a fonte íntima da nossa criatividade e do nosso desempenho no trabalho e em todos os demais aspectos da nossa vida. Toda conversa sincera sobre valores, integridade, amor, questões cruciais e significado é sobre a nossa relação com essa verdade profunda e o processo pelo qual chegamos a conhecer e vivenciar plenamente a fonte e a essência do que somos.

A Grande Excursão

A aspiração por essa experiência está se espalhando tão rapidamente que eu a comparo a uma "excursão", semelhante ao desabrochar sexual dos anos de 1980 e início dos anos de 1990. Na década de 1950, C. G. Jung observou que "o maior tabu [de nossa sociedade racional, materialista] não é a homossexualidade, é a espiritualidade". Não é por acidente que toda uma geração está agora se abrindo para essa questão também, não mais disposta a manter a nossa verdade mais profunda trancada e separada do nosso trabalho e das nossas organizações. As pessoas estão despertando para a necessidade de revitalizar os locais de trabalho e dar-lhes uma forma que esteja em harmonia com uma visão da totalidade. Estamos testemunhando um despertar generalizado da consciência, que levantou um véu e revelou um vislumbre de liberdade e a possibilidade de viver e trabalhar de modo coerente com a nossa verdadeira natureza.

Acho que isso é o que tem dirigido o movimento do "espírito no trabalho" desde o início: as necessidades de despertar os indivíduos para criarem um ambiente, dentro do cenário de trabalho, no qual o seu próprio processo de despertar possa florescer e expandir-se. O chamamento à espiritualidade no local de trabalho expressa o amadurecimento de certas mentes, que estão testando a conscientização mais profunda, cansadas do sofrimento de uma existência puramente egoísta, e começando a ver que a vida no trabalho pode — na verdade deve — ser vivida e estruturada de forma diferente.

Introdução 17

Os advogados da espiritualidade humana têm tradicionalmente procurado trazer alívio e conscientização transcendente aos ambientes doentes e organicamente prejudicados. Estamos agora entrando na nova fronteira de nossas empresas, em certo sentido, remansos importantes do inconsciente humano e também óbvias oportunidades de transformação. O crescente desconforto em tantos locais de trabalho é uma demanda subliminar desse tratamento.

Mas tenho que admitir: a despeito de pontos claros, não estou buscando mudanças importantes nas empresas em geral. Passei a maior parte da minha carreira ensinando questões muito específicas, principalmente focalizadas nos indivíduos e pequenos grupos. Somente nos últimos cinco anos tenho sido de tal forma atingido pela dor que vejo no local de trabalho que desejei me estender mais amplamente para tratar do assunto e ver o que se pode fazer. Ainda assim, estou menos interessado em vender estas idéias do que em plantar sementes de possibilidade nos campos do sofrimento e orar pela chuva da graça.

A luz e a escuridão andam juntas. Somente por meio da polarização o mundo pode existir de alguma forma. Sem o jogo dos opostos, não há manifestação. Da mesma forma que o yin e o yang fazem a roda girar, assim o holocausto das fusões empresariais, reestruturações, redução de tamanho, discriminação e aborrecimento acompanha e catalisa a explosão do espírito e a sabedoria no trabalho como a cura dessas condições. A transformação empresarial é a abertura para o vulcão do espírito entrar em erupção. Os seus profundos aborrecimentos são como a areia na ostra, que gera a pérola de grande sabedoria e pode, talvez, evocar a compaixão para lidar com tudo.

O propósito essencial de todo o meu trabalho é expressar a união do espiritual e do material, do ideal e do prático, do individual e do todo. Quero celebrar o casamento do céu e da terra, em que fazer e ser, lucro e mestria, trabalho e lazer, tecnologia e consciência estão integrados numa unidade sem emendas. Temos agora a possibilidade de chegar a uma nova realização importante para os nossos tempos, a um despertar do nosso ser verdadeiro e à compreensão de como isso pode ser expresso num local de trabalho mais humano, que sirva às nossas necessidades materiais e também à nossa liberdade e realização no trabalho.

Estes escritos integram as três maiores atividades e perspectivas da minha vida, como historiador, praticante espiritual e treinador organizacional, consultor e orientador.

O Capítulo II, "A Consciência no Trabalho", traz uma visão geral histórica e cultural da expansão da consciência em nossa sociedade e as forças do surgimento de uma espiritualidade maior no local de trabalho. Enfoca os desafios tanto da mestria individual como de organizações conscientes, e explora algumas questões sutis sobre linguagem e definições de consciência e espiritualidade no cenário de trabalho.

Em "A Sabedoria Perene e o Local de Trabalho", descrevo o caminho não-dualista, ou unitivo, para a auto-realização e como tenho traduzido os princípios e técnicas mais significativos das tradições do mundo da sabedoria para a minha consultoria empresarial.

O Capítulo IV, "O Despertar da Liderança", explora as qualidades essenciais, que definem a liderança como uma atividade espiritual e uma oportunidade de se tornar plenamente consciente.

A parte mais específica, de tempo real, na antologia é "A Marca da Liderança Corajosa". Esse capítulo narra como um gerente, para quem dei orientação, atravessou um processo intensivo de *feedback* construtivo e exibiu características-chave de liderança.

O Capítulo VI, "Instrumentos de Mestria", descreve práticas-chave e instrumentos que tenho usado e ensinado ao longo da minha carreira, com instrução prática sobre como aplicá-los no seu trabalho e na experiência diária.

Finalmente, em "A Liberdade no Fluxo de Trabalho", descrevo como podemos vivenciar a libertação e a realização em nosso trabalho. Aqui me apoio diretamente na minha experiência pessoal de despertar, por intermédio da graça de meu amado mestre H.W. L. Poonja, que dissolveu o senso de separação entre o meu trabalho e a minha pessoa e foi a inspiração de todo este livro.

II

A CONSCIÊNCIA NO TRABALHO

O Despertar da Consciência no Local de Trabalho

Hoje em dia no trabalho, como dizia Dickens, é o melhor dos tempos e é o pior dos tempos. Tanto brilho criativo, inovação tecnológica, ousadia e inteligência. Tanto *stress*, excesso de trabalho, insegurança no emprego e moral baixo.

Se a maioria dos estudos e pesquisas for verdadeira, muitos americanos estão descontentes com seus empregos e sofrem de ansiedade em relação ao futuro e à estabilidade financeira. As contínuas demissões e as constantes reestruturações deixaram muita gente desmoralizada, confusa e insegura. O rompimento do "velho contrato" — o acordo implícito, não escrito, entre empregador e empregado, de que lealdade e dependência seriam recompensadas com promoção, segurança ou manutenção — solapou ainda mais a lealdade e a confiança com relação aos empregadores e fez crescer o cepticismo sobre as motivações da companhia. Numa recente série sobre "O Encolhimento da América", o *The New York Times* descreveu isso como um "ataque ao coração nacional. [....] O resultado é a mais aguda insegurança desde a Depressão. E isso, por sua vez, produziu uma inexorável angústia que está abalando as noções das pessoas sobre o trabalho e sobre si mesmas e a própria promessa do amanhã". Embora em 1997-98 houvesse sinais promissores de crescimento da contratação de pessoal e alguma melhora no moral, a crescente popularidade de Dilbert parece refletir, atualmente, o cepticismo de muita gente trabalhadora sobre a qualidade de vida no local de trabalho.

No rastro da redução e reestruturação das empresas, a demanda corrente é de mais trabalho para menos pessoas. Entre os sobreviventes lutando para se adaptar às contínuas mudanças organizacionais, e às crescentes exigências de desempenho, muita gente trabalha mais, com carga horária maior, despende mais tempo em reuniões e tem menos tempo para si e para a família. Os americanos trabalham mais horas e tiram menos tempo de férias do que qualquer sociedade, com exceção do Japão, no mundo industrial. Estamos vendo um aumento de famílias em que dois ou três membros trabalham e a crescente incidência de doenças causadas pelo *stress* e pela exaustão. Além dos muitos que saíram de seus empregos, outros empregados especializados estão preferindo abandonar os sistemas tradicionais de trabalho para trabalhar em casa, estabelecer negócios em casa e equilibrar a sua vida.

Existem ocasiões que forçam as pessoas a usar suas forças ou se deprimir em desesperança e amargura. Tempos de transformação exigem pessoas transformadas.

Recentemente, eu estava conversando com o diretor de recursos de informática de uma grande universidade sobre como o seu *staff* estava encolhendo e ainda assim tendo de executar mais serviços. Quando lhe perguntei sobre o que esperava deles, ele recitou uma incrível ladainha: quer que sejam inteiramente responsáveis, criativos e motivados; altamente habilitados e com amplo treinamento; abertos para aprender coisas novas; dispostos a assumir maior autoridade e responsabilidade na tomada de decisões; a agir com integridade e comprometimento; a ser confiantes o bastante para assumir riscos e não temer o fracasso; adaptáveis e criativos, não encravados nas suas descrições de cargo, mas capazes de fazer a coisa certa, tomar decisões imediatas na hora certa, agradar o cliente, mudar um processo, reparar um problema. Devem ser suficientemente seguros de si mesmos e competentes para ser empreendedores. Devem estar dispostos a trabalhar sem uma promessa de emprego permanente, a assumir proativamente o seu próprio desenvolvimento profissional e progresso na carreira e ser plenamente responsáveis pela sua própria facilidade de se empregar.

Ele e gerentes como ele querem indivíduos dispostos a expressar todo o seu talento para a organização, dar-se ao todo maior, abandonar qualquer egoísmo em prol da equipe de trabalho e abandonar a ambição pessoal estreitamente concebida em favor do bem maior. Querem pessoas que sejam habilidosas interpessoalmente, comunicadoras eficazes e capazes de trabalhar juntas de forma cooperativa em equipes autogerenciáveis.

E além de tudo isso, querem pessoas que permaneçam cheias de energia para uma carga horária mais longa e demandas crescentes de trabalho e que sejam capazes de gerenciar o *stress* de modo a permanecer joviais e otimistas no trabalho!

Ficou óbvio que estaríamos pedindo às pessoas que mudassem de maneira considerável para que chegassem a ser o melhor que pudessem. A demanda é por níveis mais altos de desenvolvimento humano, talvez mesmo nos esticando em direção ao próximo passo na evolução humana. Decidimos que o que ele queria eram pessoas peritas, esclarecidas. Era claro que nada menos do que a plena auto-realização serviria.

Se consideramos isso uma expectativa justa e realista ou não, não é a questão aqui. Pode mesmo parecer, como descrito por Dilbert de forma impudente, apenas mais um gerenciamento cínico, pronto para extrair mais trabalho de menos gente. Contudo, a partir de uma perspectiva mais ampla, vejo todas as partes num implacável imperativo revolucionário impiedoso, que também é uma oportunidade de mudança benéfica para os indivíduos e as organizações.

Os intensos desafios de negócio no local de trabalho são parte de uma vasta transformação histórica e expansão de consciência, que está nos levando em direção ao próximo estágio de evolução. As forças externas estão emparelhadas com forças igualmente poderosas, impulsionando muitos indivíduos a partir de dentro. Ao mesmo tempo que o local de trabalho parece estar clamando por nossa alma, muitos de nós estão buscando maneiras de integrar todo nosso ser mais plenamente no trabalho.

Estamos entendendo que há mais de dois séculos, desde o início da era industrial pelo menos, temos uma cultura organizacional que privilegia o fazer sobre o ser, a produtividade sobre a saúde e o lucro sobre a ética e o significado. Sofremos uma cisão dualista que divide a pessoa em vida interior e exterior e aparentemente deixa o nosso eu mais profundo fora do local de trabalho. O grande perigo agora é que, à medida que o negócio e as organizações enfrentam a demanda inexorável de se adaptar com sucesso à mudança constante, à competição econômica global e à inovação tecnológica, continuemos a sacrificar nosso ser ao impulso de sobrevivência.

A crescente insistência em integrar o espírito ao local de trabalho surge tanto de dentro quanto de fora. Em acréscimo à pressão externa de um ambiente de trabalho que exige uma profunda transformação da atual força de trabalho, a pressão interna está surgindo de um crescente segmento da população que também clama por uma integração maior no modo como vivemos e trabalhamos. Um segmento significativo da população atingiu um nível de maturidade e complexidade que provoca uma elevação da consciência. Estamos vivenciando a força bruta da evolução gerando o despertar da nossa própria sobrevivência, tanto individual como coletivamente.

Podemos identificar certas tendências gerais nesse grande anseio de integrar o espiritual na vida diária e no trabalho. Na sociedade americana temos os *baby boomers* atingindo a meia-idade, criando filhos, com o corpo curvado, buscando por verdades e valores mais profundos. Velhos *hippies* e praticantes espirituais de longa data amadureceram e estão em posição de destaque no trabalho. Os fundamentalistas estão cada vez mais preocupados em conservar o seu modo de vida e as crenças que eles vêem ser ameaçadas e erodidas pelo domínio da cultura por ciências materialistas e pelo humanismo secular. Tanto os beatos conservadores quanto os liberais estão também expressando insatisfação com o consumismo e as superficialidades das décadas recentes. Dentre nós, muitos estão ansiosos por um modo de vida mais simples.

As mulheres já estão fartas da dominação patriarcal da religião e da vida organizacional por causa de questões machistas e metáforas. O profundo movimento ecológico está integrando a preocupação com o ambiente e a compaixão por todos os seres vivos a uma experiência mística da unidade da vida. Para alguns, isso é o resultado de anos de treinamento e terapia em alto desempenho e em técnicas de treinamento mental em atletismo, ou do envolvimento no movimento de potencial humano da psicologia humanística e transpessoal. Tudo isso acabou cultivando uma visão expandida de quem nós somos e do que somos capazes de realizar.

Muitos estão olhando além das perspectivas tradicionais ou centradas na Europa para incorporar as formas culturais e as práticas religiosas africanas, asiáticas e dos nativos da América, bem como étnicas ocidentais e tradições pagãs. A Internet está possibilitando o surgimento de formas emergentes de tecnoespiritualidade, que misturam toda a variedade concebível de religião, de caminho espiritual e de disciplina da consciência com as novas tecnologias de telecomunicações, multimídia e comunidade no espaço cibernético. No estilhaçar das velhas formas, há uma fusão de todas essas influências em uma nova espiritualidade individual eclética, baseada na experiência pessoal direta.

No reino intelectual há uma síntese emergente de ciências ocidentais e verdades antigas, unindo disciplinas tão diversas como a física quântica, a teoria do caos, a análise de sistemas totais, a tecnologia dos computadores e da informação, a medicina do comportamento, a psiconeuroimunologia e a saúde holística.

Uma nova visão do mundo está evoluindo, com ênfase no holismo, na percepção unitiva, na transformação e na harmonia, em que até mesmo as ciências estão inspirando um sentimento de espanto e reverência por uma ordem cósmica subjacente. Essa nova visão do mundo está inspirando uma nascente cultura integral, descrita por Paul Ray como um modo de vida fundamental espiritual, holístico e ecológico de um grupo sociocultural rapidamente crescente, que ele chama de "criativos culturais". Esse grupo representa um transmodernismo que vai além tanto das religiões tradicionais como da cultura secular, racional, industrial, modernista.

A cultura integral está começando a se fazer ouvir no local de trabalho em mutação. Ela compreende uma parte significativa de uma população bem educada, bem treinada e autodesenvolvida, que quer mais poder, autonomia e criatividade no trabalho. Tanto como vítimas quanto como beneficiários do achatamento de estruturas hierárquicas, foram-lhes dadas muitas funções previamente restritas ao gerenciamento, de forma a participarem mais eficazmente de equipes de trabalho com direção própria, programas de parceria e capacitação, e sistemas de alto desempenho no trabalho. Embora alguns trabalhadores vejam isso como o estratagema de um gerenciamento mais enxuto para obter mais e melhor trabalho de menos pessoas, a atribuição de autoridade e responsabilidade a mais empregados também encoraja maior liberdade, motivação própria e espírito criativo naqueles que estão prontos para aproveitar a oportunidade.

É interessante que, na experiência de duzentos anos dos Estados Unidos em implementar a democracia, a área empresarial seja uma das menos igualitárias em sua estrutura. De muitas maneiras, ela lembra as velhas estruturas de classe monárquicas, aristocráticas, hierárquicas, que aparentemente rejeitamos na Europa. Embora recentes iniciativas de reengenharia tenham continuado a achatar a hierarquia e desenvolver organizações mais matriciais, ainda há uma forte dissonância entre o velho legado hierárquico e uma população madura, com percepção própria e pessoalmente responsável, saindo de meio século de psicoterapia, grupos de criação de consciência, treinamentos de crescimento pessoal e desenvolvimento espiritual. Com um crescente desejo de ter mais controle sobre o trabalho e a vida, essas pessoas estão também procurando uma distribuição mais eqüitativa de poder real na organização. Na medida em que essa liderança trabalha em parceria com essa população capacitada e confia nos seus instintos básicos, capacidades e responsabilidade, ela liberará o potencial criativo necessário para obter o trabalho executado. O impulso por maior liberdade e controle em nosso trabalho é outra voz do espírito falando.

A demografia em mudança na sociedade americana está também promovendo maior complexidade e totalidade no lugar de trabalho. Estamos vendo um esforço mais consciente para aceitar, comemorar e integrar a rica diversidade de pontos de vista, maneiras de pensar e fazer, representadas em nossa população cultural e racialmente diversa. À medida que mais mulheres e pessoas não-brancas ingressam no local de trabalho, há uma correspondente necessidade de liberar aspectos de nossa totalidade, reprimidos no sistema patriarcal branco. Novas maneiras de pensar e de ser significam consciência expandida no trabalho.

Tudo isso proporciona a oportunidade de integrar as qualidades "femininas" — por exemplo, compaixão, intuição, cooperação, flexibilidade — aos aspectos competitivos, controladores, racionais, "masculinos" e até então dominantes, da nossa natureza. Não é por nenhum acidente que os conceitos de "psique" e "alma" tenham, por tradição, um caráter feminino na cultura ocidental. Liberar o espírito no trabalho requer abrir o modo feminino de consciência dentro do indivíduo, independentemente do sexo. Ironicamente, muitas mulheres correram o risco de sacrificar as suas qualidades femininas por adotar características mais masculinas, de forma a ter sucesso no local de trabalho, dominado por homens. Para elas, como para os seus colegas do sexo masculino, comprometidos com um condicionamento machista de toda uma vida, o desafio é descobrir o equilíbrio apropriado entre cérebro direito/cérebro esquerdo, ou yin e yang, dentro deles. Fazendo isso, como indivíduos e organizações, podemos vivenciar a totalidade que libera nossos poderes plenamente criativos e nos liberta para sermos nós mesmos.

A convergência dessas forças está no próprio cerne da expansão da consciência no local de trabalho. Por fim, essas tendências são ondas no oceano do *momentum* evolucionário, trazendo a consciência mais para perto da superfície como o próximo passo de nosso desenvolvimento. O que antes era um estado raro de entendimento espiritual, desfrutado por uns poucos místicos, santos e sábios, está agora sendo vivenciado em vários graus por muita gente. Tornada possível em parte pela ampla disponibilidade de mestres e ensinamentos, anteriormente ocultos, uma espécie de democratização da consciência está começando a influenciar todos os aspectos de nossa vida, sociedade e trabalho.

O despertar está sendo propalado por uma rede cada vez mais audível de líderes, consultores e indivíduos em todos os níveis do mundo empresarial, que estão escrevendo, falando e se reunindo em conferências e discussões *on-line* sobre tópicos como "A Alma no Negócio", "Lucros e Profetas", "O Espírito no Trabalho", "A Atenção da Mente no Local de Trabalho", e "A Sabedoria no Trabalho". Uma crescente bibliografia de textos apaixonados descreve como o mundo dos negócios pode ser transformado e revitalizado, como podemos ver a nossa vida no trabalho como algo sagrado e considerar cada ação como parte de nossa prática.

Necessidade evolucionária, talvez, mas não inevitabilidade. Neste ponto, somente uma pequena minoria de empresas está começando a agir sobre questões de moral, ética e revitalização no local de trabalho. Como alguns líderes mais perceptivos começam a suspeitar que os seus esforços ambiciosos de reestruturação podem ter afastado a própria alma ou a vivacidade da organização, estamos agora vendo tentativas de renovar as organizações, motivar o pessoal e gerar criatividade — para recriar um elo de lealdade e de propósito comum entre a companhia e o seu pessoal.

Embora esse movimento certamente vá crescer, não tenho ilusões de que toda ou mesmo a maior parte da empresa americana será varrida pela maré. Somos vagarosos para aprender, mesmo quando a dor é aguda. Mesmo entre aqueles que são favoráveis à busca das preocupações espirituais em termos pessoais, que admitem que isso possa contribuir para melhorar as pessoas, e até mesmo os empregados, muitos sustentam que essas preocupações não têm lugar nos programas de treinamento das empresas, ou de forma alguma no local de trabalho. Ainda assim, um crescente segmento de nossa população está começando a entender que o fazer com eficácia provém de ser consciente e que a corrente reestruturação de nossas organizações tem de ser inspirada por uma visão mais profunda que surge do nosso eu verdadeiro.

O Desafio da Mestria

A dolorosa transição das necessidades e dinâmicas no cenário de trabalho está nos desafiando para a mestria pessoal. Como não estamos acostumados a essas alturas e à intensidade dessas exigências, temos que aprender a operar numa altitude mais rarefeita, num nível mais alto de eficácia e bem-estar.

Na verdade, *precisamos* de uma automestria que nos possibilite drenar os mais profundos recursos de dentro de nós, cuidar de nossa energia, ir além de nossas limitações, frustrações e medos e dar o que temos de melhor. A tarefa de aprendizado diante de nós é atingir alto desempenho e ao mesmo tempo manter o bem-estar, ser produtivo e também relaxado; ser proativo, vital, vivo e mesmo assim permanecer calmo, centrado, sereno;

A Consciência no Trabalho

enfrentar as metas estratégicas da organização e também satisfazer as nossas próprias necessidades de realização, divertimento e expressão da criatividade no trabalho; descobrir, em meio à mudança caótica e aos compromissos de emprego de curto prazo, um sentimento de segurança e de paz mental.

Só conseguiremos isso se reconhecermos benefícios para nós, pessoalmente, e voluntariamente escolhermos o caminho da mestria. Sem um forte posicionamento de responsabilidade pessoal, sutilmente adotamos a mentalidade de vítima e continuamos sujeitos à exploração. Descobrimos a nossa liberdade quando compreendemos que dando o melhor de nós estamos dando a nós mesmos.

Na verdade, talvez o melhor incentivo à mestria seja o colapso do "velho contrato" no local de trabalho. O rompimento dessa síndrome de co-dependência é uma força tremenda, impulsionando os trabalhadores a se tornarem capacitados, a se olharem em termos de identidade, motivação e sucesso. Ele está levando as pessoas a encontrarem a fonte de inspiração dentro de si mesmas, e não na companhia; a descobrirem a sua segurança dentro de si mesmas, e não na permanência no emprego; de encontrarem a liberdade de tomar conta do seu próprio bem-estar e da escolha de estar presentes e comprometidos com o trabalho. A erosão da velha modalidade é um chamado de despertar, da mesma forma que o vício em drogas e a violência doméstica são chamados de despertar, para forjar um novo caminho que funcione.

Quantos ouvirão o alarme e sairão de sua modorra? Quantos sucumbirão ao desespero, ao cepticismo, ao ressentimento, à culpa? A liberdade e a consciência desperta não surgem de forma fácil. Em certo sentido, como observam as antigas tradições espirituais, você tem de abandonar tudo para ser livre. "Liberdade é apenas outra palavra para nada mais resta a perder", cantava são Janis. Cada vez mais, as pessoas estão entendendo o quão próximas estão de "nada mais resta a perder".

Temos que descobrir o que Alan Watts chamou de "a sabedoria da insegurança". Isto é, uma segurança mais profunda do que a física ou material. Tem de ser achada dentro de nós mesmos, no mundo intangível do ser. Uma vez que entendamos que no final das contas não existe algo como a segurança no emprego, que estamos todos sujeitos a uma situação passageira imprevisível, quer tenhamos emprego ou não, podemos ver que nossa própria sobrevivência requer que conheçamos nossa essência e totalidade mais profundas. Nada mais servirá. Os tempos de expiação e sofrimento fazem surgir as mais puras transformações.

Não é por acaso que esse desafio surge também numa ocasião em que todo o contexto da vida espiritual está também mudando. No passado, as pessoas sentiam necessidade de ir para ambientes de mais apoio — monastérios, eremitérios, ermidas, o deserto, a floresta, centros de retiro — para realizar o Eu. E, embora o retiro certamente permaneça como um apoio crucial para o despertar da consciência, estamos agora dizendo que é possível fazer isso no trabalho. É possível fazer isso em meio à pressão por alto desempenho, criatividade, responsabilidade e sucesso nos negócios — uma arena que, pelo menos até agora, ofereceu muito pouca aceitação ou suporte para essa busca.

O desafio não é para os fracos de vontade. Demanda um posicionamento pessoal extraordinariamente forte: a coragem e o comprometido de Espártaco, como nos lembra John Renesch. Como disse o grande mestre chinês zen Ta Hui a seus monges, que lhe suplicavam que os deixasse permanecer no monastério protegido, quando os despedia definitivamente e os mandava para o mundo, para lidar com as realidades cotidianas da família e do trabalho: "Qualquer um pode segurar uma criança adormecida."

A maioria de nós acha a espiritualidade mais confortável em ambientes protetores, benignos. Viver a vida consciente nunca foi fácil. Contudo, a certa altura chegamos a reconhecer que ambientes hostis, que não proporcionam apoio, são chamas ardentes em que nossa mestria e determinação são temperadas. Nada substitui essa experiência. Uma consciência mais enraizada e integrada para o século XXI pode muito bem ser forjada no cadinho borbulhante do moderno local de trabalho — se, como exploraremos mais tarde, estivermos coletivamente dispostos a considerar que tipos de cultura e processos de trabalho melhor suportarão essa transformação individual.

Para a força de trabalho, o desafio central aqui é visualizar o trabalho como mais do que um simples emprego, isto é, ver a nossa "profissão" como um lugar de desenvolvimento pessoal e espiritual. Essa mudança está inteiramente de acordo com o significado original e com algumas associações comuns que fazemos com essas palavras. Em nosso vernáculo, podemos nos referir ao trabalho como nossa "profissão", um termo que para os europeus medievais significava uma declaração de fé — professar ou receber os votos como membro de uma comunidade religiosa. As primeiras "corporações" foram literalmente corpos espirituais, associados com a Igreja, de artesões e comerciantes, com direitos distintos e funções religiosas. Ou podemos nos referir ao trabalho como a nossa "vocação", que também se referia originalmente a um chamado interior ou comando divino para viver o propósito de sua vida. Outro uso poderoso da palavra trabalho é quando nos referimos a nossa prática espiritual, *sadhana* no sentido hindu, ou "trabalhar sobre si mesmo", nas disciplinas transformativas.

O potencial de mestria aqui é para verdadeiramente nos realizarmos no trabalho. Envolve o compromisso de trabalharmos sobre nós mesmos e promovermos o nosso crescimento pessoal, espiritual e profissional no contexto do trabalho. Significa ver no mandato de cumprir as necessidades organizacionais a oportunidade de auto-expressão criativa do nosso potencial.

De modo realista, espero que apenas uma pequena minoria de pessoas veja o seu trabalho como pratica espiritual e uma oportunidade de mestria. Para os outros, o bem-estar pode ser mais bem servido deixando o local de trabalho ou radicalmente redefinindo o que fazer para ganhar a vida. É provável que a maioria das pessoas no local de trabalho continue a se envolver na luta pela sobrevivência, e que faça os seus tratos subliminares por sucesso material e segurança com um caprichoso sistema de trabalho que mastiga as pessoas tão depressa quanto muda a estratégia de negócio.

Para aqueles que a escolhem, a mestria demanda uma percepção aumentada de quem somos e do que somos capazes. É uma disciplina de viver por princípios e habilmente aplicar instrumentos que possam equilibrar duas necessidades fundamentais que convergem no local de trabalho: a necessidade de ganhar a vida e a necessidade de nos realizarmos. Assim fazendo, podemos ser capazes de criar um trabalho e organizações que reflitam melhor os nossos sonhos e compromissos, a nossa energia e os nossos talentos.

Na verdade, à medida que os indivíduos se tornam mais conscientes, cresce a possibilidade de surgirem organizações conscientes.

Organizações Conscientes

Temos agora a oportunidade de criar uma integração mutuamente benéfica no cenário de trabalho — uma combinação entre as necessidades da organização de uma força de trabalho de alto desempenho, motivada, e as necessidades individuais de bem-estar, realização e significado no seu trabalho. Os negócios e as organizações hoje em dia estão enfrentando o tremendo desafio de criar formas e estruturas flexíveis que possam se adaptar com sucesso a condições em constante mudança. Dar um passo à frente na evolução organizacional requer que se use toda a inteligência, o talento, a energia e a criatividade dos indivíduos que compreendem a organização. O que é preciso para as organizações adaptativas emergirem é simultaneamente uma oportunidade para os indivíduos realizarem plenamente o seu potencial no trabalho. O sucesso organizacional e a atualização individual podem seguir de mãos dadas.

Isso demanda uma nova compreensão, entre a liderança e os empregados, do significado e do propósito do trabalho, que beneficiaria tanto a estratégia organizacional quanto a realização individual. É hora de a liderança reconhecer que o espírito individual é a verdadeira fonte da revitalização e do sucesso do negócio e, correspondentemente, empenhar os recursos e proporcionar o ambiente de encorajamento para liberar plenamente essa energia criativa. Não podemos mais reprimir o espírito humano no trabalho e deixar em casa ou no estacionamento a fonte de alto desempenho e de sucesso.

Se os empregadores não podem prometer um apoio para o resto da vida e a segurança no trabalho, eles podem proporcionar um ambiente de capacitação e oportunidades para o crescimento pessoal, espiritual e profissional. Este empenho é a chave para fazer a mudança de organizações paternalistas com dependência de controle para organizações modernas, capacitadas, com pessoal motivado, empreendedor e que conhece o próprio valor e demonstra isso no trabalho.

A situação demanda uma supervisão esclarecida que compreenda que é do maior interesse das organizações promover a liberdade, a satisfação e o bem-estar do seu pessoal; que, se querem alto desempenho real, devem cuidar diretamente das atitudes, motivações e vida interior da força de trabalho.

Em troca de empregados procuram se aperfeiçoar e oferecem seu melhor desempenho à organização, uma empresa consciente proporciona-lhes oportunidades de educação e de aumentarem a sua própria mestria. Há muitas iniciativas organizacionais sendo adotadas atualmente que delineiam componentes essenciais da organização despertada. A recente ênfase em "organização de aprendizagem" ou "sistemas de trabalho de alto rendimento" gerou compromissos fortes com o aprendizado e o melhoramento contínuos dos indivíduos e da organização. A organização consciente cria uma atmosfera que celebra a diversidade de enfoques e estilos de trabalho de todo o seu pessoal. Ela dá valor ao indivíduo e encoraja e recompensa a atividade, inovação e capacitação de assumir riscos de cada pessoa. Proporciona a educação, o treinamento, as revisões de desempenho, a orientação e o acompanhamento essenciais para promover o desenvolvimento pessoal e organizacional. Há uma compreensão de que as relações interpessoais hábeis e as comunicações abertas, incluindo o livre fluxo de *feedback* construtivo e positivo, não só aumentam o desempenho e o trabalho em equipe da empresa como também geram o moral intangível.

A organização consciente demonstra um compromisso com a saúde e o bem-estar de todos os empregados, refletido em programas de gerenciamento de bem-estar e *stress*, rigorosas precauções de segurança e um ambiente limpo e claro. Estamos vendo uma atitude mais aberta com relação ao horário flexível, mais creches e outras maneiras de equilibrar o trabalho e a família, mais uma crescente percepção do valor criativo e da salubridade da diversão, do humor e do lazer no local de trabalho. As salas de meditação e de música para a calma reflexão estão começando a aparecer nas dependências retilíneas da América empresarial, e mesmo o leve ressoar de círculos de oração ou de toques de tambor podem agora ser ouvidos em salas de conferência de alta tecnologia. As preocupações éticas se refletem em escolhas conscientes sobre como contribuir com a comunidade local e permitir que os empregados façam trabalhos voluntários, como também desenvolver ecologicamente produtos e processos sadios e limpar e proteger o ambiente local. Por fim, uma organização consciente alinha as suas políticas e ações empresariais com a evolução planetária de longo prazo e o bem-estar de toda a Terra.

A disposição da liderança de apoiar essa transformação é a chave fundamental para o sucesso das organizações conscientes. Aqueles líderes suficientemente ousados e interessados para assumir uma posição podem vir a entender a natureza essencialmente espiritual da liderança e que a sua preocupação compassiva pelo bem-estar dos empregados traz profundos benefícios de cura para eles mesmos como também para a realização no trabalho.

Esse novo contrato é essencial se queremos resolver a contradição inerente a muitos locais de trabalho de tentar obter mais trabalho, melhor e mais depressa, de um número menor de pessoas. Sem isso, o resultado para muitos é simplesmente mais *stress*, mais horas extras, menos lazer e menos tempo para a família, com aumento da frustração e do cepticismo. Não podemos ter produtividade ótima sem paz interior. Sem dar atenção ao nosso ser, o nosso fazer pode até mesmo nos matar.

Esse compromisso com o nosso próprio bem-estar é a nossa principal salvaguarda contra sermos devorados por intermináveis demandas de melhoramento contínuo e desempenhos ainda mais altos. Depende de cada um determinar o que é factível dentro das limitações, definidas por nós mesmos, da nossa própria saúde e felicidade. Da mesma maneira, só podemos evitar participar ou ser vítimas de práticas não éticas ou de negócios explorativos quando estamos dispostos a nos basear em nossa própria verdade e autoconhecimento e assumir os riscos de viver e falar com integridade no trabalho. Essa base doméstica capacitará as pessoas a participar autentica e criativamente da visão empresarial e dar a sua real contribuição ao trabalho.

Finalmente, estamos reconhecendo a existência de duas linhas básicas, igualmente válidas e mutuamente interdependentes: o lucro do negócio e o bem-estar individual, sucesso organizacional e transformação pessoal. Será fascinante ver se a convergência do trabalho e do espírito dará lugar a uma nova e integrada linha de base como fundação para uma organização verdadeiramente consciente.

O próprio impulso da evolução está criando a oportunidade para essa união, prometendo maior totalidade e percepção tanto para os indivíduos como para as organizações. É como se a consciência estivesse levantando um véu e nos permitindo vislumbrar um terreno mais profundo do ser, de onde provém todo o fazer. Explorando plenamente esse vislumbre, podemos descobrir que é realmente possível para as organizações se tornarem conscientes, da mesma maneira que os indivíduos podem ser autoperceptivos, e que as organizações podem agir com referencial próprio como os indivíduos podem. Naturalmente, a percepção coletiva é um fenômeno muito mais complexo e raro do que a percepção individual. Contudo, os esforços correntes em direção à constituição comunitária, à organização de aprendizagem e ao diálogo bohmiano estão criando o elo entre o indivíduo e a consciência coletiva. Em essência, as organizações são simplesmente pessoas, pessoas se relacionando em certas estruturas e padrões. Uma organização consciente é a sinergia da percepção pessoal e da transformação dos indivíduos envolvidos.

A rápida expansão dos computadores, da tecnologia da informação e das telecomunicações é uma força poderosa integradora e libertadora, lançando a infra-estrutura da organização consciente. O maior acesso à informação e o computador pessoal tornam possível a capacitação dos indivíduos e o achatamento da hierarquia. Os novos *intranets, grupwares* e outras possibilidades da rede de trabalho prometem fortalecer a colaboração interdependente dentro de equipes e organizações como um contexto para uma mente compartilhada surgir no trabalho. A rede emergente de rela-

A Consciência no Trabalho 33

ções reflete crescentemente a unidade e a interdependência subjacentes à existência.

Os computadores e a tecnologia da informação são indicações claras da crescente complexidade e consciência nas organizações. Representam um sistema nervoso proliferando rapidamente e necessário para armazenar e circular a inteligência da empresa. Dentro da organização, a percepção é uma função do fluxo de informações, que é literalmente consciência "em-forma". A informação acessível — não apenas "dados", mas idéias, sentimentos, visões, *feedback*, decisões, políticas, diálogos, toda a gama de auto-expressão humana —, fluindo livremente por meio da comunicação aberta, proporciona a inteligência autocorretiva necessária para a organização de aprendizagem bem-sucedida se adaptar rapidamente a desafios internos e externos. Sistemas de comunicação eficazes permitem que o reservatório compartilhado de idéias e experiências no trabalho circule como uma consciência coletiva. A informação é literalmente a vivacidade e a criatividade que provocam o potencial do grupo e permitem às organizações se auto-organizar em estruturas mais maduras.

A emergência de algo que podemos chamar de "mente coletiva" pode provir dessa capacidade expandida — tanto tecnológica como pessoal — de se comunicar e se relacionar com clareza, abertura e integridade. Esse processo pode criar visões, valores e processos organizacionais comuns que geram uma consciência compartilhada ou campo de energia dentro do qual o fluxo harmonioso de alto desempenho pode ocorrer. À medida que a consciência se expande, as organizações, como os indivíduos, podem juntar os seus interesses próprios com aqueles do grande todo. Ao fazê-lo, as organizações conscientes, como os indivíduos despertados, podem ter uma relação naturalmente apropriada de serviço autêntico com o ambiente mais amplo.

O que mais necessitamos é de um modo de vida e de trabalho que ofereça soluções reais para o enigma de fazer-mais-com-menos, fazer-menos-com-menos, fazer-mais-com-mais. Isso é um dilema que não pode ser inteiramente resolvido por diaristas, um trabalho mais inteligente, melhores computadores, maior largura de faixa, uma rede de trabalho elaborada ou mesmo semanas de trinta horas de trabalho.

No final das contas, envolve uma maneira integrada de ser e fazer conhecida como "fluxo". Os taoístas chineses chamam isso de *wei wu wei*, não-ação ativa. O zen se refere a isso como um estado de esforço sem esforço. Na tradição indiana de despertar não-dualista é chamado de ação espontânea apropriada.

O estado de fluxo é na verdade bastante comum, e ocorre para a maioria das pessoas diariamente em momentos de completa absorção, que normalmente passam sem ser notados. É realmente uma condição natural, e talvez nós assustemos as pessoas ou o façamos parecer inacessível quando nos referimos a ele como um estado de exaltação ou extraordinário. Ele é revelado quando estamos dispostos e atentos ao que é, quando estamos plenamente presentes, interiormente calmos e absortos em nosso trabalho.

No momento do aqui-agora de não-pensamento, o sentimento de separação vai embora. Mesmo as restrições do tempo criado pela mente podem ser transcendidas, e o indivíduo passa a ter uma receptividade aberta por meio da qual flui o sempre presente ser-consciência-energia. A mente-corpo intuitivamente passa a ter uma harmoniosa receptividade com relação à totalidade mais ampla. Ela atinge uma eficácia natural que é parte da ordem implícita e foi descrita por grandes sábios e grandes realizadores através dos séculos (inclusive recentes zagueiros!). É um estado de espontaneidade vital em que a ação apropriada e o trabalho eficaz podem ocorrer, em que o indivíduo está extraindo os recursos da própria totalidade e em que o intelecto e os sentidos são plenamente funcionais. Há um conhecimento não conceitual do todo que vê claramente o que deve ser feito. Nesse fluxo, o nosso potencial e a nossa criatividade inerentes são liberados e podemos dar toda a nossa contribuição ao trabalho e aos outros.

Onde os Anjos Temem Pisar

A discussão sobre sabedoria e espiritualidade no local de trabalho é cheia de armadilhas e ciladas. Ela ativa o medo das pessoas de serem convertidas, aculturadas, de terem os olhos vendados e a sua privacidade invadida. Se de alguma forma devemos discutir essas questões, isso tem de emergir organicamente, através de prática e aplicação diária, a partir da fruição madura da sabedoria e da experiência. É até mesmo mais importante que surja não de um impulso de ensinar, pregar, ou converter, mas como um florescer natural do desejo compassivo de servir ao desenvolvimento dos outros.

Hoje em dia o grande perigo é que pessoas com pouca experiência venham a aderir e ser "treinadas" para facilitar isso, como se fosse um assunto acadêmico ou um simples curso de capacitação. Certamente não é um treinamento. Francamente, depois de estudar e praticar durante cerca de trinta anos, só comecei a me sentir melhor tratando desses assuntos pessoalmente no local de trabalho.

A Consciência no Trabalho 35

Temos de entender que esse diálogo ocorre no contexto de diferenças, assumidas profunda e apaixonadamente, de crença e perspectiva espiritual, em nossa sociedade. É importante nos comprometermos com a dinâmica do processo com os olhos bem abertos e com o menos possível de ilusões.

Essa incipiente conversação é um aspecto do experimento contínuo com a diversidade que a nossa sociedade ainda não resolveu. Encontrar um terreno comum para pessoas de diferentes raças, classes, sexos, orientações sexuais e modos de pensar tem nos alentado a enfrentar as crescentes diferenças vocacionais em tradições espirituais. Muitos grupos reivindicam que a verdade está do seu lado, reivindicações freqüentemente associadas com intenso dogmatismo, violência e opressão nos mais brutais capítulos da história humana.

Toda a questão é inerentemente difícil de discutir porque, a meu ver, a espiritualidade autêntica — distinta da religião — é uma relação intensamente particular com o mistério básico indescritível. Mostra-se então, por meio de um sem-número de experiências únicas, muitas linguagens e várias agendas sociais, todas operando simultaneamente.

A resistência em discutir a espiritualidade no cenário de trabalho toma muitas formas. Pode provir de pessoas basicamente não interessadas na vida interior, ou na sua relevância no trabalho; ou de gente religiosa que sente que é melhor manter os assuntos espirituais (como elas os definem) fora do trabalho, assim como fora das escolas ou do governo.

Depois há aqueles que são a favor da espiritualidade no trabalho, mas querem que só a sua maneira seja representada. Essas pessoas podem assumir uma posição dogmática e argumentativa com relação a outros caminhos. Com muitas delas, há muito pouco espaço para discussão quando a linguagem tem conotações espirituais de qualquer profundidade real. Se o diálogo é estruturado de alguma outra forma — focalizado sobre a consciência ou a sabedoria, de preferência sobre a "espiritualidade", por exemplo, ou sobre conceitos científicos, orientados para a saúde ou o potencial humano —, então pode ser mais fácil chegar a um entendimento.

A nossa sociedade parece ter entrado num período talvez semelhante em intensidade ao das Cruzadas, em que visões espirituais fundamentalmente opostas cruzaram espadas. Estou empenhado em encontrar um terreno comum de compreensão para essa difícil questão que é unitiva e inclusiva. Infelizmente, essa mesma posição é vista por alguns como uma profunda falsidade em si mesma, um engano que leva as pessoas para o erro ou coisa pior. As pessoas que são dogmáticas sobre suas religiões tendem a ver como uma ameaça qualquer discussão genuinamente aberta sobre a espiritualidade.

Em vez de pôr as pessoas umas contra as outras como combatentes partidários, precisamos compreender melhor como os pares de opostos se criam, se sustentam e necessitam um do outro. Num primeiro relance, o processo de polarização se parece com as pessoas tomando posições radicais em extremidades opostas do espectro. Cada extremo pode representar um valor legítimo, mas que tem também de ser equilibrado com o seu valor oposto, de modo a existir de alguma forma. A polarização representa um tipo de equilíbrio que é instável e conflitante, sintomas do fracasso em aproximar aqueles pontos de vista que estão em tensão.

Se olharmos mais profundamente, as polarizações com possibilidade de surgir em discussões sobre espiritualidade são expressões do dualismo inerente à mente, que pela sua própria natureza divide a unidade da existência em pares. Divide a existência única em perceber sujeito e perceber objeto, você e eu, certo e errado, sim e não, e assim por diante. Uma vez estabelecido esse dualismo básico, a lei dos opostos trabalha inexoravelmente. O "sim" precisa do "não" para a sua existência. Sem o seu oposto, ela não tem nenhum significado ou substância. Um senso de justiça precisa do mal para combater e de bruxas para caçar. Ao longo da história, as pessoas "boas" projetaram as suas próprias tendências reprimidas e as objetivaram como o "outro", com quem entraram em conflito como uma forma de autojustificação.

Não vejo nenhuma resolução ou integração completa até que haja alguma compreensão de como o dualismo trabalha para mascarar a unicidade subjacente e criar o sofrimento da separação. A visão unitiva oferece um contexto suficientemente grande para abarcar os aparentes opostos, de forma que eles possam se perceber a si mesmos como parte de uma unidade maior ou, diríamos, se reconhecer um no outro. Nesse verdadeiro reconhecimento próprio, uma reconciliação natural pode ocorrer.

Como sabiamente comentou o meu colega Andrew Bard Schmookler: "A idéia de que a verdade está entre os extremos seria o clichê que parece ser se significasse apenas a necessidade de um compromisso mecânico, uma divisão da diferença. Mas a verdade real está não no meio, mas acima dos extremos. Os grandes líderes espirituais da humanidade — Buda ou Jesus ou Gandhi ou São Francisco ou o Dalai Lama — são pessoas que integraram valores que parecem estar em tensão de uma forma que não é apenas uma transigência num denominador comum mais baixo. No seu nível de integração, pode-se estar ao mesmo tempo mais livre que os liber-

A Consciência no Trabalho 37

tinos e ser mais disciplinado do que os rigorosos. Podemos ser tanto um guerreiro melhor que os falcões como um apaziguador melhor que as pombas."

Esses grandes líderes conheceram em primeira mão a unidade da existência — não tanto como um conceito intelectual, mas como o seu próprio ser verdadeiro. O que é admirável é que eles corporificaram qualidades que refletem a consciência unitiva: abertura, humildade, compaixão, amor, bondade, aceitação. Essas são as qualidades verdadeiramente integrativas. Na medida em que nos permitimos incorporar essas qualidades, podemos nos tornar expressões da solução unitiva e agentes da sua realização. Isso não significa uma posição conceitual bem articulada, mas, sim uma maneira de ser que pode abarcar as polaridades e acolher a tudo e a todos em seu imenso coração.

A Linguagem do Mistério

Em meu trabalho com empresas desde o início dos anos de 1980, esses tópicos surgiram espontaneamente como uma conseqüência natural de se explorar questões de capacitação, gerenciamento de *stress* e mudança, constituição de equipes, liderança e globalização. À medida que as conversações se aprofundaram, aspectos mais sutis da consciência se tornaram relevantes. A tarefa crucial passou a ser cultivar uma linguagem adequada ao questionamento. O meu desafio mais criativo tem sido a tradução entre as linguagens da consciência e do trabalho e a descoberta de termos que toquem o nosso ser verdadeiro.

Vim a compreender, contudo, que simplesmente não vamos ter todas as pessoas se sentindo incluídas com qualquer conjunto isolado de palavras. Há muitas perspectivas diferentes nisso tudo, e diferentes portas para todos. Cada pessoa tem uma voz e uma linguagem autênticas, que verdadeiramente expressam a sua experiência real. Fazemos o melhor possível permanecendo o mais abertos que pudermos, respeitando a pluralidade de visões e abrindo espaço para as diferenças. Há pessoas lá fora que ressoarão com você. Outras não.

Tenho deixado fermentar essa questão de linguagem por anos. Usei diferentes linguagens em minha carreira, intuitivamente buscando qual delas funcionaria melhor para certa audiência. Ao longo dos anos, aprendi a usar a linguagem do budismo com os budistas, do hinduísmo com os hindus, do judaísmo e cristianismo com pessoas do Velho e do Novo Testamento, e a linguagem da ciência e dos sistemas da totalidade num diálogo mais secular. Embora cada linguagem seja apropriada em seu contexto, elas são expressões culturais específicas da verdade profunda, indizível no âmago da Filosofia Perene. No final das contas, ainda há a questão sobre que linguagem expressa melhor a minha versão dessa experiência universal.

Palavras como "espiritualidade", "religião", "alma" ou "Deus" constituem uma parte menor do meu vocabulário. Elas têm muitas conotações e alguns significados bastante pesados para muitas pessoas. Embora de tempos em tempos eu as use como *língua franca*, prefiro abordar as pessoas de um modo mais arejado, tratar de suas experiências diretas, interiores, e como elas podem expressar isso com o maior desprendimento possível em relação à própria bagagem.

Enfatizo palavras como consciência, sabedoria e autopercepção, natureza verdadeira ou eu verdadeiro, energia, poder, liberdade, compaixão, desapego. Essa linguagem funciona para mim tanto filosófica como psicologicamente. Parte dela tem uma base maior na ciência. Às vezes uso "espírito" como substituto ou síntese de consciência ou energia, e "alma" como o mais profundo reservatório de potencial individual ou a expressão individualizada do único Eu verdadeiro.

O desafio real é saber o que você quer dizer e, então, selecionar as palavras que melhor exprimam isso. Meu aviso para as pessoas que estão tentando discutir a espiritualidade é que elas esclareçam e falem a partir de sua própria experiência direta. Precisa haver um aprofundamento e um amadurecimento da percepção que temos de nós mesmos para a linguagem apropriada emergir. De outra forma, continuaremos sendo apenas um cego conduzindo outro cego. A minha linguagem tem mudado à medida que a compreensão aumenta, e espero que ela evolua ainda mais à medida que a minha consciência se expande.

Eu diria que a chave para a compreensão real é estabelecer relacionamentos íntimos com as pessoas; estabelecer o trabalho de base para o diálogo honesto; falar sobre abertura, problemas de tradução e a troca de experiências. Tendo isso como base, podemos levantar a questão da linguagem propriamente dita e discuti-la abertamente.

Descobri também que temos de equilibrar a nossa preocupação com a linguagem "certa" com uma compreensão de que o trabalho prossegue subliminarmente de qualquer forma abaixo do nível conceitual. É o seu ser — isto é, a sua própria consciência e amor — que realmente toca as pessoas, independentemente do que você esteja dizendo. É esse ser subjacente que está sempre, agora mesmo em comunhão consigo mesmo.

A Consciência no Trabalho

Enfim, podemos tratar a questão da linguagem de forma leve, lembrando que estamos discutindo o próprio mistério, uma experiência pessoal inefável que está além do que a mente pode compreender e do que a linguagem pode descrever. O silêncio, a fonte de todo som e pensamento, é a expressão perfeita do que não pode ser dito. Na música clássica indiana, os espaços entre as notas são mais importantes do que as próprias notas. Nos espaços de silêncio entre as palavras, as pessoas com crenças e enfoques muito diferentes podem descobrir a sua verdadeira comunidade e comunhão.

Espiritualidade e Religião

Uma conseqüência natural de desenvolver uma linguagem eficaz é esclarecer o que estamos realmente tentando discutir. Para iniciantes, precisamos distinguir a força da pura espiritualidade das formas particulares que ela pode estar tomando. Embora eu esteja apresentando aqui as minhas próprias interpretações, pretendo proporcionar um enfoque tão inclusivo e unitivo quanto possível. Como a espiritualidade é tão unicamente pessoal para cada indivíduo, precisamos encontrar uma estrutura que permita um diálogo aberto, em que nossas diferenças possam enriquecer a nossa compreensão e ajudar cada um a manifestar a sua verdadeira natureza no trabalho.

O contexto histórico é crucial para a linguagem, metáforas e nuances com que cada povo expressa a sabedoria de seus conhecimentos profundos. Pode até mesmo ser que o contexto histórico dê forma ao tipo de experiência espiritual que as pessoas têm. Pode não haver maneira alguma de saber se o que descrevemos hoje é realmente o mesmo que os santos e sábios históricos nos disseram. Podemos de fato estar desenvolvendo uma nova expressão da consciência que seja verdadeiramente relevante às necessidades do nosso tempo.

Qualquer que seja o nome que se dê a ela, a espiritualidade é uma qualidade inerente a todos os seres humanos. É o processo pelo qual passamos a conhecer e compreender o nosso Eu Verdadeiro ou Realidade da Fonte.

Ela se expressa num modo de vida que se caracteriza por discurso e ação compassivos coerentes com a nossa verdade mais profunda. O teste de tornassol fundamental da espiritualidade é a nossa integridade, um modo amoroso, harmonioso de ser e fazer, no qual a ação é coerente com o discurso. A verdadeira espiritualidade fala por si mesma. Como Mahatma

40   *A Sabedoria no Trabalho*

Gandhi suavemente respondeu quando um repórter lhe perguntou qual era a sua mensagem: "A minha vida é a minha mensagem."

A espiritualidade é a essência misteriosa e inexplicável do coração da religião. A religião é o caminho que buscamos para explicar, codificar, preservar e estender a experiência espiritual. A espiritualidade é a origem da religião, mas não está restrita a ela. É uma realidade direta, pessoal, que não precisa ser mediada por um clero, por uma igreja ou por um ritual e pode ser vivida por qualquer um, independentemente da afiliação religiosa.

O espírito é a força vital que vivifica não somente a religião, mas também a arte, a música, a dança, a literatura, a ciência, todo o mundo da criatividade. A religião tradicionalmente surge como a expressão formal da realização espiritual ou consciência unitiva — normalmente centrada no despertar do fundador e no de uns poucos sábios e místicos. Ela desenvolve as crenças, rituais e práticas pelas quais outros podem também viver essa realização (re-ligio: religação com a Fonte).

A religião atravessa ciclos históricos nos quais pode perder a sua vitalidade e relevância e se fossilizar em doutrinas e rituais institucionalizados, que não mais expressam a espiritualidade interior que ela reivindica. Tradicionalmente, as religiões atravessam períodos de renovação, quando a espiritualidade essencial explode para revitalizar e purificar as formas culturais — como estamos vendo hoje no corrente despertar em nossa sociedade.

Enquanto a religião é histórica e mutável, o espírito é eterno e imutável. A religião é cultural, às vezes associada a uma etnia única ou grupo social, enquanto o espírito é a essência universal em cada um, que transcende todas as diferenças.

A religião oferece explicações, significado, propósito, uma mitologia e um contexto de vida. A espiritualidade abarca o mistério fundamental que está acima da linguagem, do conceito e das percepções comuns dos sentidos. O espírito é conhecido e vivenciado em seus próprios termos. Enquanto a religião tende a enfatizar a moralidade, a ética e as regras de comportamento, o espírito é não-conceitual, não-crítico e incondicional, gerando ação que é livre, espontânea e apropriada para o bem-estar do todo.

Seria fascinante investigar de que modo diferentes caminhos — espiritualidades orientais e ocidentais, unitivas e dualistas — têm diferentes implicações e relevância para o cenário de trabalho. Visões diferentes podem nos guiar em direção a certas compreensões e aplicações no trabalho? Podemos encontrar uma síntese que se integre verdadeiramente para

A Consciência no Trabalho 41

uma aplicabilidade universal? Ou isso é só um pensamento fantasioso e pouco realista ou torna homogênea a bela diversidade em algum denominador ameno, menos comum, que seria basicamente insatisfatório?

O Ser de Todo o Fazer

Por fim, o que chamamos de espírito é quem e o que realmente somos. É o ser na origem de todo o fazer, o ser (*is-ness*) imutável que habita dentro da nossa ocupação (*busy-ness*) em constante movimento. A essência consciente subjacente está sempre presente, onde quer que estejamos. O grande desafio destes tempos não é meramente despertar para o verdadeiro eu, mas fazer isso justamente em meio ao nosso trabalho.

Encontramos o nosso ser quando nos voltamos para dentro para enfrentar a nós mesmos. Os poderosos mandatos da mudança organizacional e da sobrevivência estão nos pressionando para abrir um diálogo de autopercepção no cenário de trabalho, no qual nos voltamos para dentro para explorar identidade, visão, propósito, caráter, competências e recursos individuais e organizacionais. É essa profunda reflexão sobre nós mesmos, tanto no nível pessoal quanto no organizacional, que pode nos capacitar a mudar com sucesso e a liberar o nosso potencial para a ação eficaz e apropriada.

As questões internas tanto para os indivíduos como para as organizações são basicamente as mesmas. Quem somos nós? Qual é a nossa identidade? Quais são os nossos recursos e forças? O que pretendemos? Quais são os nossos valores e compromissos? O que estamos fazendo aqui? Aonde estamos indo? O que desejamos criar juntos? A partir dessa inquirição, damos forma à visão, à missão, aos valores e à estrutura da organização.

Como indivíduos específicos, podemos perguntar: O meu emprego é um lugar onde posso realizar o meu potencial, expressar meus talentos, energia e criatividade de maneira satisfatória? Pode o trabalho ser uma auto-expressão verdadeira ou estou retendo aqui muito de mim mesmo? O trabalho é um lugar em que eu posso demonstrar coerência entre os meus valores e o meu comportamento? Posso sobreviver aqui com a minha integridade ou o meu modo de vida correto? Qual o significado do meu trabalho no contexto dos meus propósitos e compromissos mais profundos? Posso ver o trabalho como serviço ou contribuição para alguma coisa mais profunda ou mais elevada do que apenas o meu próprio interesse individual? O meu trabalho pode ser prática espiritual, um lugar para ser autoperceptivo, consciente, meditativo, piedoso, dadivoso, compassivo, afetuoso?

Como uma organização consciente, podemos perguntar: Estamos empenhados em promover aprendizado e melhoramento contínuos que apóiem tanto o indivíduo como a organização? Estamos dispostos a criar uma atmosfera que dê valor ao indivíduo, celebre a diversidade e a autenticidade? Cultivamos a harmonia, o amor, a compaixão e a aceitação em relação ao outro? Vemos o valor de encorajar a paz interior, a paciência e a humildade? Podemos permitir alegria, divertimento, bom humor e lazer como fatores essenciais para o trabalho criativo? Estamos dispostos a servir e apoiar uns aos outros e trabalhar juntos de forma colaborativa? Participamos de uma comunicação honesta, aberta, respeitosa, que gera uma atmosfera de confiança e integridade e que dá *feedback* e reconhecimento mútuos para inspirar e fazer surgir o melhor em todos nós? Estamos comprometidos com o bem-estar do todo e com a criação do equilíbrio certo entre o trabalho, a família e a nossa vida interior?

Os instrumentos dessa autopercepção são a inquirição e o diálogo. Fundamentamos a nossa inquirição no relaxamento, na centralização e na introspecção meditativa que nos abrem para a tranqüilidade interior. Nesse silêncio, encontramos a paz, acesso ao conhecimento intuitivo e revitalizamos a nossa energia criativa. Tendo penetrado na profundeza interior, podemos nos ampliar por meio do diálogo para compartilhar nossas descobertas.

A chave crucial para o sucesso do diálogo é escutar. Escutar profundamente a nós mesmos e aos outros, estar plenamente presentes e atentos são práticas espirituais essenciais no trabalho atual que nos abrem para a sabedoria mais profunda que está dentro de todos nós. Se formos suficientemente corajosos para enfrentar a nós mesmos e uns aos outros, a nossa sabedoria pessoal pode se tornar a inteligência coletiva, um reservatório comum de conhecimento e experiência que pode estimular a organização. Com esta inquirição e diálogo, o espírito individual compartilhado pode se tornar a alma coletiva flexível da organização.

Como consultor, compreendi que o melhor que posso oferecer é simplesmente encorajamento e um pouco de perícia para permitir que as organizações engendrem a si mesmas. Acredito cada vez mais que uma forma perfeitamente orgânica e apropriada possa emergir para cada organização, se o seu pessoal estiver disposto a atravessar uma espécie de parto natural. Como parteiras, nós na verdade não fazemos isso por elas. Simplesmente permitimos que a sua forma natural venha a emergir, a partir de seus próprios ingredientes, recursos e pessoas. Somos acompanhantes de um processo auto-organizado, que está se desenvolvendo por meio de nós. Quanto menos fizermos, melhor. Quando muito, criamos um espaço em que elas possam descobrir a si mesmas.

A Consciência: Uma Perspectiva Global

Para compreender plenamente a expansão da consciência no local de trabalho, temos de assumir uma perspectiva ampla sobre as forças rapidamente convergentes da globalização dos negócios, das telecomunicações globais e da tecnologia da computação. Tomadas juntas, para o melhor ou para o pior, elas estão criando uma rede planetária que está preparando a infra-estrutura para uma possível consciência unitiva global.

A partir da perspectiva de sistemas totais, vemos que a evolução permite a emergência de ordens mais elevadas de consciência, à medida que os sistemas vivos atingem maior complexidade em sua adaptação aos imperativos evolutivos. O pensamento de sistemas pode ter o materialismo como base, isto é, a percepção emerge da matéria num certo nível de complexidade. Ou pode ser mais idealista, como descrito por Hegel ou Sri Aurobindo, que viram a consciência ou espírito se revelando com a matéria como veículo. Para apreender todo o seu significado, é importante ver a globalização como uma manifestação visível dessa consciência unificadora. Olhando a rede global tecnológico-econômica ramificada como um sistema auto-organizador em evolução, podemos vê-la gerando uma consciência mais ampla para abarcar maior diversidade cultural, complexidade social e econômica e conectividade tecnológica dentro de um organismo global emergente.

Quando os historiadores olharem para trás, para a última metade do século XX, é provável que destaquem a globalização dos negócios como uma grande força na transformação do planeta. Podemos vê-la como a culminação de um ciclo de quinhentos anos da história do mundo, que começou com a expansão comercial européia para além-mar, nos séculos XV e XVI, e progrediu por meio do colonialismo e do imperialismo para propagar a hegemonia tecnológica e econômica ocidental pela maior parte do mundo. O movimento atual rumo à globalização empresarial e a expansão acelerada da Internet são o fechamento desse ciclo.

O processo de globalização é guiado pela mesma constelação de motivos que uma vez provocou a expansão ocidental: o que na Renascença era singularmente descrito como a busca de "Ouro, Deus e Glória". Por "ouro" queremos dizer, naturalmente, o impulso pela sobrevivência econômica, pelo lucro e pelo controle dos mercados, condicionados pela intensa competitividade do capitalismo que põe indivíduo contra indivíduo, companhia contra companhia e a economia de uma nação contra a de outra. A globalização é claramente impulsionada pela compreensão amadurecida que é crucial para o bom desempenho das companhias maiores e pelo reconhecimento de muitos negócios de que, a menos que participem da economia global, se arriscam à estagnação e à extinção.

O que distingue a globalização do imperialismo de eras históricas anteriores, contudo, é a crescente realidade da interdependência global. Está se tornando óbvio que somos todos aspectos mutuamente dependentes de um vasto sistema de economias globais interligadas, em que o nosso interesse próprio está agora intimamente ligado ao destino de nossos vizinhos. O sentimento de interdependência, embora nasça da pura necessidade de sobrevivência econômica, pode muito bem ser o corretivo de auto-adaptação para a tradicional competitividade que sempre movimentou o mercado mundial. Embora a competição sem dúvida continuará existindo, o contexto é crescentemente o de colaboração e parceria. No final das contas, estamos todos no mesmo barco, e reconhecer a nossa unidade e agir de maneira sustentável, em última análise, serve aos interesses do todo. A nossa preocupação com o destino de outros países e a nossa disposição de ajudar a resgatá-los da fervura econômica são um reflexo direto desse nascente interesse comum. É cada vez mais óbvio que, num mundo interdependente, o interesse nacional acaba se ligando ao interesse do todo, o que então se torna a base realista da compaixão genuína que serve ao bem de todos.

Mas os desafios são assustadores: como lidar com uma força de trabalho multinacional, étnica e lingüisticamente diversa, com valores e modos de trabalhar diferentes, espalhada em escritórios, fábricas e laboratórios por todo o mundo? Como desenvolver estruturas organizacionais que equilibrem a centralização e a autonomia local com suficiente uniformidade de estrutura, normas e procedimentos, para assegurar qualidade e desempenho consistentes, e como descobrir a melhor conectividade para o fluxo mais eficaz de pessoas, idéias, tecnologia e produtos por todo o mundo?

Para a maioria das companhias americanas que fazem negócios alémmar, a globalização é uma expressão de efeito, significando pouco mais que "crescente presença internacional". Contudo, à medida que elas expandem as suas atividades internacionais e mantêm contato íntimo e transações comerciais diretas com povos de diferentes culturas, torna-se óbvio

A Consciência no Trabalho 45

que a verdadeira globalização significará relacionar-se de modo mais sensível e eficaz com uma crescente diversidade de culturas e sociedades estrangeiras. Significa, literalmente, que os ocidentais precisarão expandir a sua percepção cultural e ser cada vez mais flexíveis e habilidosos na maneira como se relacionam e fazem negócios com os seus parceiros, colegas, clientes e empregados ao redor do mundo. Se queremos que a rede global funcione, Oriente e Ocidente, americanos e europeus e mesmo as culturas asiáticas entre si terão de atingir uma melhor compreensão e apreciação das diferentes maneiras de fazer e de ser.

Esse é provavelmente o desafio mais prolongado que a humanidade já enfrentou para encontrar um lugar a partir do qual possamos verdadeiramente compreender nossas diferenças de cultura e nos beneficiarmos com elas. Adotar a diversidade global significa aceitar e apreciar as nossas várias perspectivas culturais, étnicas, raciais e religiosas. A compreensão cultural abrangente poderia lançar o trabalho de base para uma percepção da comunhão e da unidade humanas. Em última análise, isso desafia cada um de nós a buscar as profundezas do nosso ser, que reconhece na multiplicidade a expressão de sua própria unidade subjacente.

Embora o processo esteja por enquanto sendo realizado dentro de um contexto ocidental principalmente cultural e tecnológico, a sensibilidade ocidental para as questões de diversidade global deve finalmente envolver uma tentativa de incorporar elementos apropriados de outras culturas mundiais. O Ocidente, a esta altura, está ganhando o jogo da hegemonia cultural global — nossas línguas, tecnologias, maneiras de fazer negócios e estruturas organizacionais formam o gabarito básico para o processo de globalização. Contudo, para ser plenamente bem-sucedido no final, o contexto ocidental precisa ser enriquecido pelos costumes de cada cultura.

É hora de o Ocidente, especialmente os americanos, ir além da estreiteza de visão, do etnocentrismo e dos estereótipos tradicionais, para compreender outras culturas e aprender com elas. A melhoria contínua e a referência competitiva numa escala global significam expandir o nosso contexto cultural para incluir o que funciona, não apenas aquilo a que estamos acostumados dentro do nosso "estilo" nacional ou cultural. Aqui é importante incluir esses ingredientes num ensopado rico, saboroso, global, e não somente em algum purê de homogeneização.

O sistema nervoso para uma consciência global emergente está sendo constituído pelas espantosas inovações da tecnologia da computação e da informação e pela proliferação acelerada das telecomunicações globais, como a Internet. O ciberespaço é um novo domínio para compartilhar a nossa unidade subjacente de consciência, ou espírito. No passado, as comunidades eram formadas e definidas pela cultura, pela raça, pela língua, pela geografia. Agora, estamos vendo comunidades globais nascentes se aproximando pela consciência — interesses compartilhados, visões, crenças, paixões — trazida pelos centros de força da mídia eletrônica, um tipo de macroparalelo da maneira como flui a comunicação inteligente pelos canais psiconeuroimunológicos do organismo mente-corpo humano. A rede global está transcendendo o tempo e o espaço, aproximando muita gente na possibilidade de novas formas mais sutis de relacionamento. Aquilo com que estamos, na verdade, lidando é a consciência cavalgando *lasers* de luz, pulsando através de uma tela de fibra ótica em expansão para a comunicação quase instantânea consigo mesmo.

A consciência global foi prevista pelo padre Pierre Teilhard de Chardin, filósofo jesuíta francês, místico e paleontologista. Em *The Phenomenon of Man* (1955), Teilhard de Chardin profetizou o surgimento da "noosfera", literalmente uma aura de inteligência humana expandida e de luz que circundaria o globo. Peter Russell chamou depois essa consciência planetária nascente de "cérebro global", em seu livro com o mesmo título. A Terra, como os seres humanos e organizações, está num processo que Barbara Marx Hubbard chama de evolução consciente. Em homenagem à antiga deusa grega da Terra, ecologistas profundos chamaram de Gaia esse organismo planetário de consciência auto-reguladora a qual pode estar desenvolvendo um halo telúrico.

As forças econômicas e tecnológicas que impulsionam a humanidade rumo à consciência unitiva são ondas de superfície surgindo das profundezas do impulso interior para a auto-realização. O mesmo poder chamando os indivíduos para despertarem para a nossa verdadeira natureza como consciência do ser está operando também nas organizações e em outros domínios da nossa vida. O indivíduo consciente, a organização consciente e o planeta consciente são todos movimentos da consciência universal, o único Eu de tudo, cujo reflexo está agora sendo revelado para aqueles que têm olhos para ver. Aqui nós temos microcosmo e macrocosmo, indivíduos e suas organizações, aos quais se oferece a oportunidade de uma nova sabedoria, identidade e totalidade. Os princípios e instrumentos necessários para embarcar nessa aventura têm sido desenvolvidos nas tradições de sabedoria durante séculos.

A Consciência no Trabalho

III

A SABEDORIA PERENE E O LOCAL DE TRABALHO

A Sabedoria Perene

No coração das grandes culturas mundiais, jaz a busca do conhecimento, da verdade e do derradeiro destino da vida humana. O caminho da sabedoria procurou integrar intelecto e experiência, introspecção e ação, para uma maneira de ser harmoniosa e eficaz na vida diária. Ao explorarmos os vários significados da sabedoria, embarcamos numa jornada para as profundezas da realidade e de nossa verdadeira natureza.

Em certo sentido, a sabedoria é conhecimento incorporado, expressada na integridade de nossas palavras e de nossas ações. Seremos sábios quando tivermos digerido o conhecimento acumulado de nossa experiência de vida. Isso culmina na visão clara da realidade e da natureza das coisas. A sabedoria é uma compreensão penetrante de nós mesmos e das pessoas, uma compreensão de como as coisas funcionam, dos princípios básicos da natureza, da causa e do efeito do universo. É ver a vida como ela é, sem ser enganado pelas aparências. É viver sem ilusões. A nossa sabedoria nos dá capacidade para agir eficazmente, de saber intuitivamente quando e como responder de modo apropriado ao que ocorre, de uma maneira que apóie o bem-estar dos outros.

Em outro sentido, a sabedoria é saber quão pouco você sabe. Sócrates alertou que a ignorância é o início da sabedoria. Os praticantes do zen chamam isso de "mente de principiante", que é verdadeiramente aberta e fresca, disposta a permanecer inocente e receptiva à vida, não apegada ao nosso conhecimento. É a disposição de ser vazio e, assim, aberto ao aprendizado e ao crescimento. Essa é a origem da criatividade e da inovação, a chave da melhoria contínua e o ingrediente pessoal essencial na organização de aprendizagem.

A sabedoria, portanto, é um processo aberto de aprendizado e crescimento contínuos. Sempre se expandindo para o desconhecido, não há fim para a sua profundidade. Ironicamente, a atual explosão da tecnologia da informação nos abriu para a infinidade virtual de conhecimento disponível e para a impossibilidade de um indivíduo realmente dominar tudo. Assim, expandir conhecimento significa expandir a consciência da ignorância, que cultiva o terreno fértil da humildade em que a sabedoria profunda pode brotar.

Saber que você não sabe é a receptividade para um conhecimento mais profundo. Em última análise, eu experimento a sabedoria nascida na admiração e na reverência, na capacidade de apreciar o mistério fundamental do universo e de sustentar com leveza as crenças, teorias, modelos, explicações relativas e mutáveis que usamos para nos guiar pela vida. É ver através do filtro da interpretação aquilo que não pode ser descrito ou explicado. Isso é metaconhecimento, um contexto em vez de um conteúdo específico, que vê o enigma da vida como uma realidade a ser desfrutada e não como um problema a ser resolvido. Aqui, conhecer e não conhecer são a mesma coisa.

Mais especificamente, refiro-me a uma grande tradição de sabedoria profunda que ficou conhecida como Filosofia Perene. Não se trata de um ensinamento singular, sistemático, mas de uma confluência de correntes encontradas em muitas tradições mundiais religiosas, filosóficas e psicológicas. A sabedoria perene expressa um conjunto comum de experiências e perspectivas que transpassa atravessando a geografia, culturas, disciplinas, encontradas em enfoques tanto ocidentais como orientais, espirituais e seculares, científicos e contemplativos, experimentais e vivenciais. Ela proporciona uma ampla estrutura intercultural, de compreensão e instrumentos práticos, para as pessoas comprometidas com o despertar no local de trabalho.

A Filosofia Perene declara que há uma única verdade, uma realidade indivisível, que é a essência da vida e o âmago de cada ser humano. Ela baseia-se no entendimento direto de nossa verdadeira natureza, ou realidade última aqui e agora. Embora esse despertar esteja além do que a mente pode apreender ou do que a linguagem pode descrever, tentamos comunicar a experiência inefável com palavras como liberdade, sabedoria, amor, esclarecimento, beatitude, paz, vida eterna. Seja qual for o nome que lhe dermos, é o estado máximo da realização humana que se pode vivenciar plenamente, um despertar para a nossa identidade com a presença unitiva, que é a origem subjacente a tudo. Esse mistério supremo recebeu muitos nomes: Consciência, Espírito, Absoluto, Eu, Buda, Deus, Ser, Realidade, Tao, Energia, Verdade. O entendimento não-dual — ou unitivo — no cerne da Filosofia Perene é o conhecimento direto de que você é Aquilo, e que todos os fenômenos e seres são manifestações disso-que-você-é, o qual vive em nós e como cada um de nós. A vida é a oportunidade de saber isso plenamente e de expressá-lo com amor e com alegria em nossa vida e no trabalho.

Muitas tradições chegaram a essa verdade, e buscam expressá-la em termos coerentes com a sua própria orientação histórica, cultural e filosófica. Ela foi expressa pelos místicos das religiões do mundo, como também por físicos quânticos, praticantes da saúde holística, ecologistas profundos, teóricos de sistemas integrais e especialistas em desenvolvimento organizacional. Ela é tão americana quanto Emerson e Whitman, tão misteriosa e paradoxal quanto o grande mestre zen chinês Huang Po, tão elevada e divina quanto o cristão medieval Meister Eckhart. É revelada nos discursos proféticos do chefe nativo americano Seattle, na poesia de amor do poeta místico sufi Rumi e no aprendizado esotérico dos cabalistas judeus e nas alegres comemorações do Israel Baal Shem e no hassidismo. Raramente expressa como uma filosofia sistemática, ela descreve uma maneira de ver e ser no mundo, que surge da experiência pessoal direta de realização e unidade com a vida.

Intérpretes recentes dessa sabedoria foram Aldous Huxley, Alan Watts, Paul Brunton, Abraham Maslow, Fritjof Capra, Copthorne MacDonald, Margaret Wheatley, Peter Russell e — a meu ver o nosso proponente mais lúcido e abrangente — Ken Wilber. Esses "intermediários gnósticos", como os chama Roger Walsh, estão levando adiante essa rica herança global, como base de uma nova cultura transformadora que incorpora a sabedoria perene em nossa vida diária e no trabalho.

Como Aplicar o Caminho da Sabedoria no Trabalho

O entendimento unitivo é a inspiração e o pano de fundo do meu trabalho e da minha vida. O meu desafio permanente tem sido não somente descobrir como posso viver de modo consciente no dia-a-dia da minha vida familiar e no trabalho, mas também como posso traduzir princípios e técnicas-chave da tradição de sabedoria para uma linguagem que faça sentido para a experiência comum das pessoas e possa ser aplicada no trabalho com mais eficácia e sucesso. Nesse sentido, o meu trabalho mais criativo é como tradutor.

Encontrei conceitos úteis e instrumentos coerentes com a tradição de sabedoria num grande número de disciplinas seculares contemporâneas aplicáveis no cenário de trabalho:

- Crescimento pessoal, estudos de potencial humano, psicologia do alto desempenho;
- Estudos da mente-corpo, saúde holística, psiconeuroimunologia;
- Teoria de sistemas integrais, tecnologia da computação e da informação; ciências ecológicas, estudos do caos e outras ciências de "novos paradigmas";
- Relações e comunicação interpessoais.

Estudando esses campos, desenvolvi uma abordagem relevante para as áreas-chave de consultoria empresarial, orientação e treinamento que eu ofereço:

- Alto desempenho e capacitação individuais;
- Gerenciamento do bem-estar pessoal e do *stress*;
- Liderança esclarecida e com autonomia;
- Equipes de alto desempenho, comunicação e *feedback*;
- Gerenciamento da mudança e revitalização organizacional.

Minha ênfase ultimamente tem se concentrado nas três primeiras dessas áreas, que discuto mais detalhadamente neste livro.

Tenho apresentado esse trabalho a uma ampla gama de clientes: universidades; organizações industriais, de tecnologia da informação e de engenharia; companhias de seguro-saúde e hospitais; pequenos negócios de muitos tipos; distritos escolares; agências comunitárias e de serviços sociais; e para todos os níveis de indivíduos e equipes, incluindo liderança executiva, gerenciamento médio, pessoal especializado, administrativo e técnico e operários.

O meu compromisso básico tem sido equilibrar as exigências da organização por mudança bem-sucedida e alto desempenho com as necessidades individuais de bem-estar, liberdade e realização no trabalho. Para ativar o espírito criativo que põe em evidência o melhor das pessoas e das organizações, desenvolvi um caminho integral que consiste em três processos diferentes:

- Consciência de princípios essenciais
- Cultivo de qualidades individuais
- Mestria de uma tecnologia pessoal de transformação.

As pessoas podem aplicar esses processos para aumentar a habilidade, a eficácia e a satisfação no trabalho. Em estágios avançados de mestria, eles podem ser o trampolim para a realização pessoal e a liberdade. Embora a maior parte do meu trabalho tenha focalizado áreas introdutórias e intermediárias, recentemente estou começando a ver em meus clientes um desejo autêntico e cada vez maior de entrar mais intensamente na experiência transformadora e transcendental, para obterem resultados mais profundos e duradouros.

Princípios Essenciais

Um grande número de princípios e crenças-chave subjacentes, provenientes da tradição de sabedoria, proporciona o contexto básico para todo o meu trabalho. Discuto esses princípios e crenças em vários graus de especificidade, às vezes relatando-os explicitamente, muitas vezes apenas inferindo-os, dependendo do contexto e da audiência:

Mudança e Impermanência

Se prestarmos bastante atenção na vida, fica óbvio que tudo no universo fenomenal está mudando. A vida é um fluxo contínuo de transformação e impermanência, um processo contínuo de tornar-se, em que tudo está nascendo, crescendo, amadurecendo, decaindo, morrendo. As estações vêm e vão, os corpos celestiais estão em revolução e rotação, e os nossos horários de trabalho, posições, processos, tecnologias e estruturas organizacionais estão sendo continuamente revisados.

Não só está tudo mudando, mas a própria velocidade da mudança está maior. Estamos agora em meio a uma vasta transformação social, igual em força e velocidade à transição da Idade Média européia para a Renascença e a Reforma. Impelida tanto quanto qualquer coisa pelas brilhantes inovações em tecnologia da computação e da informação, essa aceleração talvez seja mas bem captada pela famosa lei de Gordon Moore, de que a velocidade dos processadores de computador dobra a cada dezoito meses. A implacável intensificação da mudança tecnológica e organizacional nas empresas americanas está surgindo em nossa vida de trabalho na crescente demanda de trabalhar mais depressa, comer mais depressa, dirigir mais depressa, falar mais depressa, e ter tudo executado e pronto para não ficar atrás da concorrência.

A velocidade e o fluxo corrente estão nos colocando diante das injunções dos antigos sábios, de que temos de reconhecer e aceitar a realidade da mudança imprevisível, de modo a nos tornarmos participantes plenamente criativos desse fluxo. Como a mudança está em nosso próprio sangue, é doloroso resistir à ordem natural fundamental. Fazer oposição ao novo, apegando-nos ao velho que está desaparecendo, é a principal fonte do nosso sofrimento. Isso tanto expressa como sustenta a noção de um eu radicalmente separado, que busca a rigidez e a solidez em meio ao que é fluido. A aceitação da mudança nos permite viver em harmonia com o fluxo natural, encontrar o nosso ritmo e a máxima identidade com o todo.

Atualmente, no local de trabalho, esse amplexo pleno de fluxo está no cerne do gerenciamento bem-sucedido da mudança, da melhoria contínua e da flexibilidade organizacional e individual. Essa consciência da impermanência contínua — que foi originalmente associada principalmente ao budismo e ao taoísmo — tem como esteio a brilhante compreensão vinda de sistemas integrais sobre como sistemas auto-organizados sofrem períodos de intenso *stress* que catalisam em direção a níveis mais altos de complexidade e adaptabilidade. Como Margaret Wheatley diz sucintamente: "A vida usa a desordem para obter soluções bem-ordenadas." Sistemas de pensamento são o próximo desenvolvimento na formulação de sabedoria perene, dando-nos uma teoria lúcida dos paradoxos de ordem e caos e uma perspectiva mais proveitosa, a partir da qual possamos compreender como as organizações mudam.

A essa mescla rodopiante, eu acrescento a oração judeu-cristã da serenidade de Reinhold Niebuhr:

> Deus, concede-me a serenidade de aceitar as coisas que não posso mudar, a coragem de mudar as coisas que posso, e a sabedoria de perceber a diferença entre elas.

A sabedoria para distinguir entre o que você pode e o que não pode mudar ou controlar é básica para a eficácia. A vida no trabalho hoje é um desafio diário para cultivar essa sabedoria: saber quando agir decididamente em meio à ambiguidade, saber quando abandonar estratégias ineficazes, saber quando persistir ou quando seguir adiante. A nossa capacidade de aplicar essa polaridade é fortalecida por um notável corolário à oração da serenidade, o equilíbrio taoísta do yin e do yang, que descreve as duas forças complementares que juntas acionam a roda da vida. Visto em termos de qualidades individuais, o yang é a coragem de mudar o que podemos — é o princípio masculino, corajoso, proativo, responsável, orientado para resultados, racional; e o yin é a serenidade de aceitar o que não podemos mudar — é o modo feminino, flexível, intuitivo, fluente, receptivo, paciente. Equilibrar essas forças dentro de nós cria a elasticidade necessária para permanecermos enraizados e sensíveis no fluxo contínuo. Revela a nossa totalidade e nos permite expressar o nosso pleno poder criativo para capitalizar a oportunidade dentro da mudança.

Unidade e Interdependência

O grande poder da sabedoria perene está na simplicidade radical de sua visão holística, uma percepção radiante, penetrante, que vê através da aparência de multiplicidade e separação a unidade subjacente e a interdependência da existência. Tudo e todos são vistos como aspectos inter-relacionados de um vasto sistema integral. Como descreveu o filósofo estóico romano Marco Aurélio:

> Considere sempre o universo como um ser vivo, com uma substância e uma alma; e observe como todas as coisas fazem referência a uma percepção, a percepção desse ser vivo; e como todas as coisas atuam com um movimento único; e como todas as coisas são as causas cooperativas de tudo o que existe; observe também o contínuo torcer do fio e a contextura da teia.

O nosso envolvimento com a Web, a Internet, conectividade dos computadores, as redes de telecomunicação e as redes interpessoais de trabalho e o fascínio que temos por tudo isso, são vívidas interações contemporâneas dessa antiga percepção da nossa unidade interdependente. Quer chamemos de Corpo de Cristo, a Grande Cadeia do Ser, Gaia, ecologia profunda ou sistemas auto-organizados, estamos nos referindo a uma visão de síntese que sana o velho dualismo — a percepção analítica que divide a totalidade inerente à existência em pedaços e partes. Hoje em dia estamos descobrindo as muitas dimensões de nossa interconectividade: a unidade holística do organismo mente-corpo, auto-regulador e individual, imersa na interdependência ecológica da natureza, ligada à tela da rede da conectividade eletrônica global. Estamos despertando para a nossa existência como uma vasta rede de trabalho em que as partes aparentes são vistas numa totalidade mais ampla.

A Sabedoria Perene e o Local de Trabalho   55

A ciência dos estudos ambientais e a filosofia da ecologia profunda estão revelando a interdependência total do organismo e do meio ambiente. Vemos que não há entidades fixas separadas, chamadas de "meio ambiente" ou de "organismo", mas sim uma rede de relações que se interpenetram, se influenciam e se transformam continuamente. A vida é uma reciprocidade e uma circularidade em que tudo se encaixa na totalidade.

A visão holística enxerga o ser humano como uma expressão inseparável do todo. Dentro da totalidade, há distinções de forma, mas nenhuma separação real em partes. Como Alan Watts gostava de observar, nós não viemos ao mundo, mas saímos dele exatamente como uma folha sai de uma árvore: a chamada *fronteira* da pele literalmente nos *une* à vida dentro de uma simbiose maior, ecológica. Na Filosofia Perene, a imagem clássica é a de que nós somos todos ondas do oceano, cada um de nós é uma forma temporária da realidade sem forma subjacente, que é o nosso Eu verdadeiro.

A unidade da existência se reflete no cenário de trabalho, quando as pessoas reconhecem que a sobrevivência, o sucesso e o bem-estar no trabalho dependem da confiança mútua num sistema cooperativo integral. Enfatizo uma visão de todos-dentro-de-todos, em que cada todo inclui e transcende os todos integrados dentro dele: o indivíduo ciente que gerencia e motiva a si próprio; a equipe bem-sucedida como um sistema integral de indivíduos interdependentes, que se apóiam, são responsáveis e compromissados uns com os outros e com o seu propósito; a organização como um sistema integral auto-organizado de indivíduos, equipes e departamentos — fortalecido pela definição coletiva de missões, visões, valores, competências essenciais e procedimentos operacionais, e por viver com referência própria, coerente com a identidade coletiva. Finalmente, constatamos como a organização é uma parte inteiramente interdependente de uma unidade maior, global, que consiste no ambiente, nos clientes externos e na economia mundial, na inovação tecnológica e das telecomunicações, aos quais está constantemente reagindo e se adaptando.

Resistir à unidade e à interdependência em qualquer nível cria a possibilidade da ineficácia ou da perturbação mais grave nesse sistema. A ignorância pessoal da influência mútua entre mente e corpo pode destruir a nossa saúde. O individualismo altamente competitivo pode prejudicar ou destruir o trabalho de equipe e minar a confiança essencial no fluxo e no moral organizacional. A crença dualista num indivíduo radicalmente separado lutando para sobreviver, tão profundamente inserida em nossa herança cultural, é a principal causa do nosso sofrimento e uma força centrípeta constante em nossas relações e no comportamento organizacional.

A Sabedoria no Trabalho

O nosso grande desafio no trabalho hoje é descobrir o equilíbrio sutil entre o individualismo e a harmonia coletiva, entre o interesse próprio e o bem do todo. À medida que reconhecemos a nossa unidade, podemos vivenciar a nossa própria totalidade inerente e também viver em harmonia com os outros. Quando falamos em aceitar a diversidade, por exemplo, não estamos somente expressando a nossa apreciação de pessoas, estilos e culturas individuais. Estamos reconhecendo a unidade subjacente e como ela se diferencia na rica variedade de formas. Celebrar a diversidade é literalmente um ato de louvor à magnificência da criação e da própria Fonte criativa.

O interessante é que a realidade da unidade subjacente não é estática, mas um processo dinâmico de todos-dentro-de-todos, evoluindo para maior integração, autoconhecimento e eficácia. À medida que honramos e desenvolvemos a interdependência, capacitamos cada sistema integral concêntrico a atingir maior eficácia interna e responder mais adequadamente ao seu contexto. As pessoas, equipes e organizações têm, cada uma delas, um caminho espiritual, que é o desdobramento do seu potencial inerente.

O Potencial Humano

De acordo com a Filosofia Perene, a essência do ser humano é o Eu universal, o absoluto ser-consciência-energia que se manifesta como cada indivíduo e toda a vida. Uma qualidade do Eu é a energia ou poder — a potencialidade vibrante, dinâmica, que é a fonte de toda a nossa experiência. Normalmente me refiro a esse profundo reservatório de recursos dentro de nós como potencial humano: o poder, a capacidade, a criatividade e o talento que estão disponíveis a cada um de nós para realização, felicidade e plenitude em nossa vida no trabalho. Visualizo isso como pura possibilidade, um código dentro de cada um de nós — a que se pode chamar de genética, karma, vontade de Deus ou destino — que representa tudo o que poderíamos nos tornar, individual ou coletivamente.

Como o carvalho inserido na bolota, dentro de cada ser humano existe um embrião para a plena realização nesta vida. Se a bolota cai em terreno fértil e recebe os nutrientes certos, pode realmente se transformar num grande carvalho. O trabalho pode ser uma oportunidade fértil de alimentar esse crescimento. É papel da liderança proporcionar esse ambiente, recursos e encorajamento para liberar esse potencial, como é responsabilidade do indivíduo reconhecer o poder interior e partir para isso. Depende de cada indivíduo optar por aproveitar a possibilidade e expressá-la em sua vida e no seu trabalho.

Esse potencial é literalmente a energia vital que dirige os nossos pensamentos, sentimentos e comportamentos. Quando assumimos a responsabilidade por essa força, podemos canalizá-la e dirigi-la para a capacitação e o alto desempenho. Essa é a fonte da automotivação, do entusiasmo e do moral no trabalho. Quando desautorizamos isso, vivemos como vítimas impotentes, o que se traduz em queixas, negatividade, desamparo e dependência no local de trabalho. O desafio mais crítico para muitos de nós no trabalho é fazer a mudança, no senso do eu, de vítima para agente, de efeito para causa de nossa experiência e sucesso.

Quase todo dia, no meu trabalho, temos esse diálogo sobre quem somos e do que somos capazes. Desafiador e freqüentemente arriscado, ele é a meditação contínua que pode liberar o poder de que necessitamos para ficar à altura da situação.

O Poder da Percepção

O meu principal trabalho é ajudar as pessoas e suas organizações a exercitar a percepção. A percepção dá às pessoas liberdade, poder e opção, fortalecendo a sua capacidade para mudar. A falta de consciência sustenta a repetição de padrões automáticos de comportamento, tanto individual como organizacional, que impedem o aprendizado e limitam o crescimento e o sucesso.

Na tradição de sabedoria, a percepção é uma propriedade importante do Eu. Ser plenamente consciente é entender a nossa natureza como a própria consciência. Ser consciente é não só o ato espiritual máximo, mas é também um instrumento prático para o sucesso e a habilitação no cenário de trabalho. Para o indivíduo, a auto-reflexão e a introspecção são as bases do conhecimento de si mesmo e do desenvolvimento pessoal e profissional. Ouvir e observar os outros ajuda a ver claramente a natureza das pessoas e o seu comportamento, comunicações, relações e processos de trabalho. A abertura para o aprendizado e para as atividades de aumento da percepção — por meio de educação e treinamento, orientação e ensinamento, processos formais e informais de *feedback* — é crucial para a melhoria contínua e a capacitação da força de trabalho. Como foi mencionado no capítulo anterior, a percepção como informação é literalmente a vivacidade e a criatividade que ativam o potencial do grupo para se adaptar rapidamente aos desafios internos e externos.

A Mente Cria a Experiência

"A mente" na sabedoria perene é um termo coletivo, que normalmente se refere às muitas formas que a consciência assume. O oceano subjacente da consciência dá origem às ondas — pensamentos, atitudes, opiniões, valores, crenças, interpretações, conceitos, e assim por diante — que canalizam a nossa potencialidade sem forma para experiências específicas.

A mente assim compreendida é uma espada de dois gumes que pode ou limitar ou expandir o nosso potencial. As nossas mais profundas, mais inconscientes interpretações — suposições, crenças, valores, auto-imagens, desejos e medos — têm grande poder de formar e dirigir a energia de nossos pensamentos, sentimentos e comportamentos. Aquilo de que não estamos conscientes nos controla. À medida que nos tornamos conscientes o suficiente para ver os mecanismos condicionados inconscientes da mente, que dirigem a experiência, temos o poder e a opção de mudar a nossa experiência e o nosso comportamento, tanto individual como coletivamente. Essa percepção nos dá a liberdade de identificar obstáculos e limitações para solucionar ou aceitar, reconhecer as nossas forças e valores verdadeiros e escolher conscientemente áreas para desenvolvimento. Podemos visualizar um futuro e co-criá-lo.

Se essa percepção for compartilhada coletivamente no local de trabalho, pode também permitir às pessoas entender que elas têm o poder, literalmente, de imaginar a organização. O diálogo do grupo sobre visão, missão, valores e princípios operacionais pode criar uma mente coletiva que dê forma à experiência e ao comportamento organizacionais, coerentes com a nossa verdadeira natureza e os nossos mais profundos compromissos. O imenso desafio aqui é ver que a mente pode se tornar nosso instrumento, em vez de nossa ama. Se as pessoas aprenderem a usar a sua mente com sabedoria, podem desenvolver as qualidades e dominar as técnicas para o desempenho e a eficácia no trabalho.

O Cultivo de Qualidades Individuais

Implementar esses princípios requer um compromisso com o próprio desenvolvimento, que fortaleça tanto o indivíduo como a organização. Como os transcendentalistas americanos Emerson, Thoreau e Whitman, que celebraram os valores simples e as nobres virtudes, o meu enfoque é sobre a relação entre honrar a sua existência e fazer o bem. Enfatizo o cultivo de certas qualidades — o âmago das competências ou características de pessoas bem-sucedidas — que são a base da força de trabalho de alto desempenho, capacitada, que as organizações estão demandando hoje em dia. Desenvolver essas qualidades individuais pode liberar o seu potencial para a eficácia profissional e o crescimento pessoal. Levadas à maturidade, essas características produzem e expressam a plenitude do que chamamos de realização do ser.

Essas características podem ser dividas em: a) qualidades pessoais que apóiam a capacitação individual; e b) competências interpessoais que levem para a interdependência colaborativa e trabalho de equipe dentro da organização coletiva. Desenvolvidas conjuntamente, proporcionam as fundações para uma "espiritualidade de democracia", que equilibra o individualismo esclarecido e a comunidade harmoniosa para o maior benefício de todos. Esse equilíbrio, que temos buscado na sociedade americana nos últimos duzentos anos, é agora adequado ao sucesso e ao bem-estar de nossos negócios e organizações.

Em meus cursos e orientações, eu estimulo as pessoas a aplicar essas qualidades no seu contexto específico de trabalho. Busco um equilíbrio que ajude as pessoas a compreender a relevância dessas características para o trabalho, a identificar obstáculos pessoais e organizacionais à sua implementação e a aprender exercícios específicos de construção de habilidades que desenvolvam essas qualidades. O Capítulo IV descreve como vejo algumas das qualidades individuais atuando em líderes inspirados.

INDIVIDUAL	INTERPESSOAL
Autopercepção	Interdependência
Valores	Comunicação
Integridade	Aceitação
Responsabilidade	Compaixão
Auto-aceitação	Confiança
Coragem	Apreciação
Flexibilidade	Apoio
Compromisso	Colaboração
Desapego	Liderança
Divertimento	Posição de Autonomia

A Mestria da Tecnologia da Transformação

Essas qualidades permanecem como abstrações agradáveis aos ouvidos até que nós as ponhamos em prática, pela aplicação de instrumentos específicos. Nas grandes tradições espirituais, ou disciplinas de alto desempenho, é a prática comprometida, regular, de exercícios e técnicas que constrói as habilidades desejadas ou resultados. Sem meditação não há nenhum Zen, por exemplo, e o que é a cristandade sem o louvor e a oração? O gerenciamento do *stress* é da mesma forma conversa vazia sem as técnicas de relaxamento, e a habilidade para escutar é necessária para a boa comunicação. A partir da ampla experiência na tradição perene, reuni um conjunto de instrumentos que as pessoas podem praticar no trabalho para desenvolver as habilidades desejadas e canalizar a sua energia criativa tanto para o sucesso do indivíduo como para o da organização. Eis aqui uma visão geral dessas técnicas. Os detalhes para muitas delas estão no Capítulo VI.

Instrumentos de gerenciamento do stress: *o ser da ocupação*

A contínua necessidade do gerenciamento do *stress* no local de trabalho proporciona a oportunidade mais fácil de introduzir práticas que, por milênios, têm sido usadas pelas pessoas para relaxar e se revigorar. Se não podemos nos afastar do trabalho para um retiro no alto da montanha, então trazemos a montanha para o trabalho. O *"stress"* é o termo um tanto deturpado de nossa sociedade para o que Buda chamava de *dukkha*, o sofrimento fundamental da vida, inerente ao apego aos desejos, medos e preocupação com a sobrevivência.

Fico continuamente impressionado com o imenso poder desses simples instrumentos para aliviar o nosso sofrimento e dar acesso direto à paz e ao bem-estar. O gerenciamento do *stress* acabou por incluir maneiras de centrar-se e relaxar, ter acesso ao conhecimento e à intuição interior, liberar e transformar o *stress* e as perturbações emocionais, reorganizar a nossa vida e promover a nossa saúde. Capacita-nos a encontrar o centro imutável — o olho do furacão — em meio ao ritmo arrebatador e acelerado da vida. Essa base de quietude do ser nos dá verdadeiro descanso e nos revitaliza para o trabalho produtivo.

As práticas específicas, que tenho ensinado regularmente ao longo dos anos, incluem:

- Meditação de percepção da respiração para centrar-se e relaxar;
- Autopercepção, ou consciência, de pensamentos, sentimentos, comportamentos;
- Exame do corpo, para lidar com emoções e sensações;

- Meditação com música;
- Silêncio;
- Posturas de yoga.

Instrumentos da mente para criar o possível

Um grande número de técnicas mentais dinâmicas capacita as pessoas a desenvolver qualidades e habilidades que melhoram o seu desenvolvimento pessoal e desempenho profissional. Extraídas originalmente dos caminhos espirituais e secularizadas pela linguagem de crescimento pessoal, treinamento atlético de alto desempenho e terapias holísticas de saúde, são instrumentos extraordinariamente potentes para criar experiência de forma proativa em muitas áreas da nossa vida. Nessas sessões, muitas vezes experiências de energia elevada para os participantes, nós integramos a reformulação de processos de pensamento positivo no lado esquerdo do cérebro, e a imaginação holística no lado direito do cérebro:

- Conversa positiva consigo mesmo, crenças e afirmações de autonomia;
- Visualização e imaginação dirigidas, visão da equipe e da organização.

Instrumentos de comunicação: o fluxo de unidade

Embora superficialmente a comunicação possa parecer puramente utilitária, constatei que ensinar os elementos simples da comunicação eficaz é um processo profundamente espiritual. A própria palavra "comunicação" deriva da mesma raiz que "comuna", "comunhão" e "comunidade". Refere-se literalmente àquilo que compartilhamos. Assim, a comunicação descreve o fluxo de consciência dentro da totalidade indivisível, a maneira como o Uno fala consigo mesmo, compartilha consigo mesmo, conhece a si mesmo. Quando as pessoas praticam os instrumentos básicos de comunicação, elas não só constroem as habilidades para trabalhar juntas de forma interdependente, mas podem também chegar a conhecer umas às outras de maneiras que possam revelar a sua unidade compartilhada. As técnicas-chave de comunicação que enfatizo são:

- Escutar;
- Integridade, expressão da própria personalidade e afirmação;
- *Feedback* construtivo, reconhecimento e elogio;
- Habilidades para gerenciamento de conflito.

Essas técnicas não só constituem comunicação eficaz de grupo de trabalho como também fazem circular o amor e a inteligência da organização consciente. Escutar é a base da meditação que nos abre para um conhecimento maior, enquanto a integridade e a expressão afirmativa de si mesmo liberam energias transformadoras. O *feedback* e as habilidades para gerenciar conflito são instrumentos de compaixão, serviço e apaziguamento no trabalho.

O Equilíbrio entre Ser e Fazer

O ponto máximo do meu trabalho é criar um equilíbrio entre o fazer habilidoso e o ser consciente. Com freqüência, inicio isso com uma discussão sobre como casar duas qualidades aparentemente opostas: ser engajado e ser desapegado.

Como podemos ser compromissados de forma enérgica, proativa com o trabalho e ao mesmo tempo ver tudo a partir de uma perspectiva transcendental, que não se apega às aparências mutáveis? Como podemos dar ao trabalho o melhor de nós mesmos e nos engajarmos na melhoria contínua e ainda assim não ser penosamente apegados ao perfeccionismo estressante que persegue os nossos esforços em direção ao alto desempenho? Isto é, podemos descobrir a nossa identidade e o nosso bem-estar na perfeição subjacente que não pode nunca ser medida ou quantificada? Podemos levar a sério o nosso trabalho e mesmo assim, alegremente, expressar um espírito leve de divertimento e humor? Como podemos desejar o melhor para nós mesmos, para os nossos companheiros de trabalho e para as nossas organizações e ainda assim aceitar os fugazes altos e baixos desta manifestação mutável?

À medida que encontramos as respostas interiores para essas questões e meditamos sobre o mistério de como estar no mundo, mas não ser do mundo, nos aproximamos da integração que Robert Frost descreve de forma tão comovente:

> Mas ceda quem quiser à sua separação,
> O meu objetivo é viver
> É unir a minha avocação e a minha vocação,
> Como os meus dois olhos se tornam um para a visão.
> Somente onde o amor e a necessidade se unem,
> E o trabalho é um jogo de apostas mortais,

Está o feito para sempre realmente feito
Para o céu e as causas do futuro.

Robert Frost
"Two Tramps in Mudtime"

Frost, de forma ousada, nos conclama a enfrentar a nossa experiência de trabalho na luz brilhante de sua posição descomprometida, unitiva. Aqui está a visão holística que vê através da separação ilusória a unidade subjacente, que vê que pode haver integração entre a nossa missão e o que gostamos de fazer. Essa integração surge diretamente de nossa disposição de ser abertos e permitir o desdobramento do destino codificado dentro de nós. Isso é tanto uma receptividade para experimentar plenamente o que procura se manifestar através de nós como também uma escolha comprometida, consciente, que fazemos, um abraço de aceitação do trabalho e de nós mesmos. Vemos nosso trabalho aqui como expressão do ser, como a atividade da nossa criatividade e um veículo do nosso desejo de contribuir.

A nova e radical linha de base que Frost anuncia tão enfaticamente — somente onde o amor e a necessidade se unem! — junta a necessidade de ganhar a vida e o nosso entusiasmo pelo que fazemos. Junta a nossa necessidade de expressar os nossos talentos e o impulso para o sucesso com a nossa atenção e valorização do pessoal com que trabalhamos. O equilíbrio da mente e do coração, do intelecto e da emoção, da sobrevivência e da contribuição libera imensa sabedoria e poder para o desempenho eficaz e a harmonia com os outros.

Talvez ainda mais desafiador para as nossas estratégias de sobrevivência mais profundas, mais inconscientes, seja a invocação de corpo inteiro do poeta, do jogo de apostas mortais. O trabalho é claramente negócio sério, com dinheiro, segurança, algumas vezes com a vida e a morte em jogo, nas decisões e ações que tomamos diariamente. E como pode ser desempenhado mesmo assim? Fiquei especialmente impressionado, durante os cinco anos em que trabalhei diretamente com hospitais e profissionais da medicina, com o fato de que, mesmo em meio aos dramas mais intensos, de alto risco, esses médicos dedicados conseguiam — na verdade eram obrigados, para a sua própria sanidade — ter bom humor e aceitar tudo com leveza. De modo semelhante, no mundo dos investimentos e no turbilhão das fusões empresariais, alguns dos grandes empreendedores também jogam o jogo de trabalho e negócios, e, quanto mais altas as apostas e os riscos, tanto mais eles se divertem.

Podemos nos soltar e sustentar o espírito leve da aventura do jogo quando assumimos uma perspectiva mais ampla. "O mundo é uma diversão para os sábios e um cemitério para os tolos", disse Poonjaji. Ou, de uma professora igualmente profunda sobre como viver livre e alegre em meio às nossas atividades diárias, Mary Poppins canta: "Em cada serviço que tem de ser feito, há um elemento de diversão. Encontra-se a diversão e pronto!, o trabalho é um jogo."

A tradição de sabedoria nos lembra de que a vida é realmente um teatro. Tendo em mente o lembrete de Shakespeare de que "o mundo todo é um palco, e todos os homens e mulheres são meramente atores", você consegue representar o seu papel eficazmente e ainda lembrar-se de que você é o Ser por detrás de todos os papéis, assistindo ao seu próprio desempenho?

A resposta a esta pergunta, creio, é ao que Frost está se referindo com "está o feito para sempre realmente feito para o céu e as causas do futuro". Somente quando essas condições estão vigentes, o feito de fato será realizado em harmonia com a nossa mais profunda missão e visão espiritual. Ao vermos o nosso trabalho refletindo os nossos verdadeiros valores e expressando a nossa integridade, podemos nos tornar conscientes de seu significado e papel e representação transcendental no fluxo mais amplo do destino. Quando visualizamos o nosso trabalho como atividade e comunhão espiritual, podemos despertar para a sua natureza última como a representação da própria consciência.

O Despertar

A Filosofia Perene enfatiza que o propósito da vida é o despertar: entender o que somos e sentir a plenitude possível na condição humana. Os seus professores descrevem um estado máximo do desenvolvimento humano, ao qual muitos nomes foram dados — iluminação, auto-realização, consciência cósmica, percepção unitiva. O perigo de tal linguagem esotérica é fazer isso soar de alguma forma como inatingível para a maioria das pessoas, um mistério distante do outro mundo, somente acessível a poucos místicos, em vez de sua mais íntima e imediata presença, o seu próprio direito de nascer como um ser humano. Edward Carpenter expressou isso eloqüentemente:

> Se você inibe o pensamento (e persevera), chega finalmente a uma região de consciência abaixo ou por detrás do pensamento [...] e a um entendimento de

A Sabedoria Perene e o Local de Trabalho

um eu muito mais vasto do que aquele a que estamos acostumados. E, uma vez que a consciência ordinária, com a qual nos ocupamos na vida diária, é, antes de mais nada, fundada no pequeno eu local [...] ir além disso é morrer para o eu ordinário e o mundo ordinário. É morrer no sentido ordinário, mas em outro, é despertar e descobrir o "eu", o nosso eu real, mais íntimo, que permeia o Universo e todas as outras coisas — é descobrir que as montanhas e o mar e as estrelas são uma parte do nosso corpo, e que a nossa alma está em contato com as almas de todas as criaturas.

O despertar aparece como a experiência de estar em casa, o profundo alívio e o sentimento familiar de ser o que você realmente é. É fundado numa paz, equanimidade interior estável e na alegria de que esta felicidade é a sua natureza. Há o conhecimento intuitivo do mistério da própria vida. Você existe como uma presença ampla, eterna no aqui e agora. A experiência da totalidade flui de forma expansiva, como um sentimento de relação com todos, na totalidade mais ampla que é a nossa identidade última.

Esse entendimento não-dual, ou unitivo, é o coração da sabedoria perene: o reconhecimento de que há não-dois, de que não há nenhuma separação na teia sem costura de toda manifestação. É o inegável conhecimento de que uma realidade suprema subjacente se manifesta como universo físico. O espiritual e o material, de forma alguma separados, são ambos expressões da mesma essência. A questão não é trazer o espírito para a vida, mas sim viver na sabedoria de que toda a vida já é uma manifestação da origem invisível.

A essência do entendimento individual é precisamente que não há nenhum "eu" individual separado dessa totalidade. É o conhecimento claro de que quem somos não está restrito ao organismo mente-corpo com o qual nos identificamos ao longo da vida. É ver claramente que o ego — o apego ao pensamento e a identificação do "eu" com as funções de sobrevivência do organismo mente-corpo — cria a experiência de estar separado do Eu e é a raiz e a causa do sofrimento humano. A auto-realização não nega a individualidade, somente a separação. É um despertar do drama egóico da individualidade separada para a realidade de que cada um de nós é uma onda do oceano do Eu universal, uma expressão daquilo que está se manifestando como todos.

O despertar é tanto uma realização da individualidade quanto uma transcendência de si mesmo. Você entende que é o indivíduo e o todo simultaneamente, libertado para estar aqui e viver plenamente. O despertar não é o fim do jogo, mas o começo da eternidade, uma eternidade em que o potencial inerente dentro de nós se desdobra como destino.

A Sabedoria no Trabalho

A partir desse entendimento sem pressa, vemos que o trabalho é o nosso jogo e a nossa alegria, o caminho em que participamos da contínua criação do universo e fazemos a nossa contribuição duradoura à vida. A atual democratização da consciência faz do local de trabalho um terreno legítimo — e necessário — desse despertar, e uma oportunidade de compartilhar essa experiência com os outros.

No conhecimento dessa unidade, a nossa experiência dos outros é amor. A aceitação compassiva de toda a vida e de todos os seres vivos é o caminho natural com que nos relacionamos quando entendemos que tudo e todos é o nosso Eu. Quando imerso na totalidade, o interesse próprio intuitivamente se torna uno com o interesse de todos, e as ações daquele que despertou espontaneamente servem ao bem-estar de todos. A ação esclarecida é, pela sua própria natureza, suscetível de forma adequada à circunstância.

Essa transformação é o processo paradoxal de nos tornarmos o que somos desde sempre. Não é uma questão de atingir algo novo, mas de reconhecer o que é. É uma visão direta para dentro de nossa natureza. Não é um caminho evolutivo, é ver através de todos os níveis, dimensões, fases, estágios o que já é completo aqui e agora. Você não pode atingir o que já é, pode apenas realizar. Esse é o poder do caminho da sabedoria, o caminho da introspecção e do conhecimento. É o caminho sem caminho. Uma vez que não há o caminho para chegar ao que você já é, tudo o que você pode fazer é ser.

O cerne do entendimento não-dual é o reconhecimento de que existe uma única realidade que é a fonte, o substrato e a natureza verdadeira de tudo. Mistério máximo, sem qualidade ou medida, começo ou fim, anterior ao próprio tempo e espaço, nada pode ser dito sobre isso. Contudo, mesmo assim nós falamos: em sua essência sem forma é ser-consciência-energia permeando tudo; em forma se manifesta como o universo e todos os seres, toda a vida. Essa realidade subjacente, tanto transcendente como imanente, é a verdadeira natureza de tudo e de todos, visível e invisível, manifesto e não-manifesto.

O que é chamado de iluminação é a experiência direta de que você é esse Mistério, desperto para a sua presença eterna. "Eu sou Aquilo que sou" é a sua intuição de si mesmo, um espaço consciente em que a alegria, a paz e o amor existem como o inquebrantável contexto dentro do qual as ondas passageiras da experiência mente-corpo surgem e se dissipam. Esse ser-consciência vê a si próprio em tudo, sabe que todas as manifestações, todos os mundos, todos os seres surgem como expressões da natureza própria do ser.

A Sabedoria Perene e o Local de Trabalho 67

IV

O DESPERTAR DA LIDERANÇA

A alma, a espiritualidade individual, o discernimento pessoal direto das coisas, a coragem de ser autêntico e seguir o caminho que a consciência aponta, a humildade em face do misterioso desígnio do Ser, a confiança na sua direção natural e, acima de tudo, a confiança na própria subjetividade como elo principal com a subjetividade do mundo — essas, a meu ver, são as qualidades que [os líderes] do futuro devem cultivar.

— Vaclav Havel

O Espírito de Liderança

A liderança tem um papel crucial no despertar da consciência no local de trabalho. Primeiro, os líderes têm de acreditar que a liderança é desejável e criar a oportunidade e as condições para ela. Em segundo lugar, e de maneira muito importante, eles têm de abrir o caminho. Não há nada melhor que liderar pelo exemplo. Como disse Mahatma Gandhi, "Cada um de nós tem de ser a mudança que queremos ver no mundo". Albert Schweitzer foi inflexível nessa exigência fundamental sobre liderança: "O exemplo não é o principal modo de influenciar os outros; é o único modo."

Analisando as exigências feitas aos líderes hoje, acabei por ver a liderança como uma atividade espiritual tão rigorosa e transformadora quanto o caminho do monge, do sábio, do servidor, da sacerdotisa. Como esses arquétipos tradicionais, o papel da liderança no local de trabalho é uma oportunidade de compreender e expressar a plenitude da nossa natureza original. Se o nosso compromisso é o de nos manter despertos em nossa vida e trabalho diário, então podemos nos engajar na liderança como um processo de transformação para nos tornar conscientes e atualizar todo o nosso potencial, como também para compartilhar esse despertar e conduzir os outros igualmente à realização.

Estamos também começando a olhar a liderança não no sentido tradicional, como um indivíduo ou uma posição, mas como Margaret Wheatley nos lembra na sua visão de organizações emergentes: "Os líderes surgem e desaparecem quando é necessário. A liderança é uma série de comportamentos, e não um papel para heróis." A liderança, então, é um conjunto de princípios e técnicas que qualquer um, independentemente da posição, pode desempenhar — e, na verdade, pode ter de fazê-lo — à medida que o achatamento das organizações e o crescente uso de sistemas de trabalho de alto desempenho capacitem mais empregados com funções de liderança.

Tem havido uma crescente ênfase, recentemente, na volumosa literatura organizacional sobre a natureza espiritual da liderança. Eu fiquei pela primeira vez impressionado com a referência à liderança como uma atividade espiritual na distinção que Warren Bennis e Burt Nanus fazem entre gerenciamento e liderança. Embora as distinções possam ser muito generalizadas, elas realmente esclarecem diferenças essenciais nas duas atividades.

Em essência, observam eles, os gerentes fazem as coisas de modo correto, enquanto os líderes fazem a coisa certa. Há uma moral intangível, uma conotação ética na liderança. Derivado das palavras latinas *mano* e *manus* para "mão", o gerenciamento [*management*] se concentra em manusear, supervisionar ou assumir o encargo. A liderança, a partir do vocábulo anglo-saxônico *lithan*, significando "ir", tem a ver com guiar ou influenciar a direção. O gerenciamento, principalmente, conserva o que existe — sistemas, procedimentos e rotina —, enquanto a liderança cria o novo de modo proativo. Liderar é visualizar o futuro, olhar para a frente, prever, inventar, projetar, planejar, imaginar o que vem depois. Essa capacidade visionária — a qualidade profética na tradição judeu-cristã — é indispensável para a liderança. Não há nenhuma atividade mais espiritual do que visualizar o processo de criação e participar dele, dando forma ao futuro que se desdobra. Em vez de viver reativamente, sob o efeito de forças fora do seu controle, os líderes vivem como causa. Sejam eles políticos, líderes de negócios, treinadores esportivos ou maestros, o seu comprometimento é trabalhar com os recursos disponíveis para mostrar o novo. Se eles inventam, canalizam, co-criam ou articulam os desejos incipientes das pessoas, os líderes subsistem no domínio causal.

70 *A Sabedoria no Trabalho*

Como bem sumariou Joe Jaworski: "A visão convencional de liderança enfatiza o poder da posição e a realização conspícua. Mas a verdadeira liderança tem a ver com criar um domínio em que continuamente aprendemos e nos tornamos mais capazes de participar do desdobramento do nosso futuro. Um verdadeiro líder, assim, prepara o palco em que milagres previsíveis, sincronizados por natureza, podem ocorrer — e realmente ocorrem."

Bennis e Nanus salientam que, enquanto os gerentes se concentram no como — no prático e nos detalhes — os líderes enfatizam o porquê: valores, significado e propósito do grande quadro. A liderança tem a ver com identidade e significado: quem somos, o que representamos, por que estamos fazendo isso. Enquanto os gerentes são responsáveis por mobilizar os recursos físicos para ter as coisas feitas, os líderes vão mais fundo, para mobilizar recursos emocionais e espirituais. Fazem isso abrindo e refletindo as aspirações, compromissos, confiança e estima das pessoas em relação a si próprias e umas pelas outras. Eles inspiram, capacitam e ensinam as pessoas. Como indicaram Bennis e Nanus, os gerentes podem pôr as pessoas para fazer as coisas, mas os líderes levam as pessoas a quererem fazer as coisas. A liderança está em contato com os pontos profundos da motivação. Finalmente, os gerentes implementam os planos, enquanto os líderes abrem o caminho. Integridade é a condição *sine qua non* da liderança, e cada vez mais, em nossa sociedade atual, o teste da sobrevivência do desempenho responsável.

Fiquei igualmente impressionado com a ênfase de Peter Block sobre o serviço e o conceito de liderança devotada ao serviço de Richard Greenleaf. Essas visões complementares encaram a liderança como guiada por um conjunto de princípios e valores concentrados em servir a uma comunidade maior e ao bem-estar dos outros. Como Block descreveu: "A revolução é também pela crença de que os valores espirituais e o desejo de sucesso econômico podem ser realizados simultaneamente. A administração encarada seriamente não é apenas uma estratégia econômica ou uma maneira de atingir níveis maiores de produtividade ou de ter sucesso num mercado. É também uma resposta ao clamor do espírito."

O serviço se refere a cuidar de alguma coisa em confiança para outrem — neste caso, manter e desenvolver os recursos da organização para o bem-estar de todos. O serviço significa uma mudança fundamental, deixar de perseguir o interesse próprio para se concentrar no benefício de outros e no bem do todo. Envolve uma participação de funções de poder e liderança com outros, enquanto, ao mesmo tempo, o líder permanece no final

O Despertar da Liderança   71

responsável pelo sucesso da organização maior. Agir por serviço, e não por controle, pede uma nova maneira de operar que confia nos talentos e no potencial inerente às pessoas e estimula todos a trabalhar sobre si mesmos. Demanda a prática da humildade, que tradicionalmente tem sido uma das precondições absolutas da vida espiritual, e que enfraquece o egoísmo ou a arrogância normalmente associados aos tradicionais modelos machistas de liderança. No final, a liderança, como um caminho espiritual, não diz respeito a você, de forma alguma, mas a transcender o sentimento de separação, doando-se para alguma coisa maior e mais profunda. Nessa doação de si mesmo, o verdadeiro Eu, mais profundo que o ego, se revela.

A ênfase no serviço é funcionalmente equivalente ao voto do bodhisattva no budismo. O bodhisattva, ou praticante avançado, assume o compromisso de trabalhar para o bem-estar de todos os seres, e literalmente adia a sua iluminação final até que todos estejam salvos. Embora na superfície isso possa parecer como a coisa "certa" a fazer, na verdade o budismo muito sutilmente reconhece que cuidar das pessoas liberta o praticante de suas preocupações egoístas, fomentando assim a nossa própria compreensão no processo de servir aos outros.

Karmacologia

O caminho do serviço — quer seja a visão budista, a ênfase hindu no karma yoga ou a atitude judeu-cristã em relação à caridade e às boas ações — tem um fundamento profundo no fluxo de circularidade dentro da interdependência da vida. Segue a lei de causa e efeito num sistema integral, que estou chamando de karmacologia (karma+ecologia), uma fusão da compreensão ocidental e oriental da operação da unidade. Reconhece que dentro da vida há um fluxo circulatório de energia, poder ou amor. Num sistema integral, como dizemos, tudo o que vai, volta. O que você põe para fora vem de volta para você. É a sabedoria bíblica: você colhe o que semeia. Se você dá amor, verdade, força, alimento, no final, de alguma forma, isso volta para você.

A karmacologia revela uma visão unitiva, que vê, por trás da mentalidade de escassez do interesse próprio egóico, a abundância da totalidade. A nossa visão da realidade — o que pensamos que está "lá fora" — é uma função da mente individual. Vemos o mundo em nossa própria imagem. Se nos identificamos com o eu incompleto, egóico, vemos um mundo de escassez, em que temos de lutar para obter aquilo de que precisamos. Se vivemos sabendo que somos a própria totalidade, vemos abundância e realização da experiência, e assim uma disposição de compartilhar o que temos. O modelo de pobreza do pensamento, baseado na necessidade do eu egóico, sente continuamente que não há o suficiente para viver. A mentalidade da abundância sabe que há o bastante e dá de acordo. Quando entendemos a totalidade dentro de nós, então experimentamos a abundância disponível para todos em volta de nós e compartilhamos tudo de boa vontade. A abundância é um reflexo da nossa experiência interior de inteireza, realização, satisfação.

O pensamento da escassez vê as pessoas como receptáculos separados, limitados, que podem conter só um pouco dentro de si. De acordo com esse pensamento, dar é despender, e assim os relacionamentos com os outros são vistos como intercâmbios tendo como propósito receber de volta o que demos, para reabastecer o nosso suprimento, que se esgotou na doação. A mente pobre está, assim, ligada às retribuições; o relacionamento se torna uma manipulação para obter o que se quer, e cria ressentimento ou censura quando aqueles para quem demos não retribuem as nossas dádivas. Como, no fundo, a mentalidade de escassez é predisposta a acreditar que nunca há o suficiente, isso produz uma tensão constante. Mesmo quando obtemos o que queremos dos outros, ainda permanecemos apegados e inseguros, temendo uma perda.

No estado mental de abundância, as pessoas, em vez de se verem como entes separados, se juntam numa unidade maior. Em vez de nos vermos como receptáculos limitados, podemos nos ver como recipientes por meio dos quais o fluxo pode circular sem obstrução. Se estivermos abertos ao fluxo, veremos que dar é receber e que, quanto mais dermos, mais teremos. Essa compreensão é a base da doação verdadeira, incondicional — que não busca intercâmbio ou reciprocidade daqueles a quem damos, mas se basta no ato de doar. Isso, naturalmente, também requer uma disposição de receber. De outra forma, somos apanhados na armadilha co-dependente de ter que ser o doador, o auxiliador, mas não estar aberto a receber. Em lugar da tensão, da frustração ou do ressentimento da mentalidade de escassez, no modo da abundância vivemos com gratidão pelo que estamos recebendo, gratidão pela existência milagrosa dessa realização e pela graça de termos descoberto isso dentro de nós. Essa é a base profunda da generosidade do líder como servidor.

O Despertar da Liderança 73

Dar Autonomia: Compartilhar o Dom do Poder

O processo circular de dar e compartilhar é crítico para o caminho da liderança. Lee Bolman e Terry Deal mostraram que os líderes compartilham certos dons espirituais com as pessoas. Gostaria de enfatizar que os dons fundamentais que os líderes têm para compartilhar são qualidades de sua própria natureza verdadeira — entre eles poder, amor e verdade. A própria partilha deles reforça a sua existência dentro de nós.

O poder, tradicionalmente, tem sido a característica mais identificada com a liderança. O poder da posição, da riqueza, do *status*, da autoridade; o poder de tomar decisões, de contratar e demitir, comprar e vender; o poder de afetar a carreira, o meio de vida e o bem-estar das pessoas na organização; o poder de construir e destruir companhias, impérios, sistemas econômicos, fortunas globais. Francamente, o meu interesse em trabalhar com a liderança é precisamente porque ela tem acesso a esse poder e, assim, tem grande capacidade para fazer diferença na vida de muitas pessoas, usando o seu poder sabiamente e de modo compassivo para o bem de todos. Já salientamos que o poder ou a potencialidade é uma característica inerente ao Eu. Estou falando literalmente da energia subjacente ao universo: a mesma força espantosa que está trancada no átomo está, também, dentro de cada ser humano. Esse poder é neutro e pode ser canalizado para propósitos tanto destrutivos como construtivos. Nosso aprendizado crucial para o século XXI é como manejar esse poder de forma apropriada. Da mesma maneira, depois de séculos de comando tradicional e enfoques de controle hierárquico, estamos exatamente agora começando a aprender como compartilhar sabiamente o poder organizacional.

A questão para a liderança é descobrir como usar o seu poder de maneira sábia e compassiva para fazer diferença para os outros, como capacitar e revelar o melhor dos outros de uma forma que convenha tanto às necessidades organizacionais de alto desempenho como às necessidades individuais de bem-estar e liberdade no trabalho. Por fim, como usar o seu poder para despertar os outros para o seu potencial pleno e eu verdadeiro.

Todos têm poder dentro de si, quer a nossa referência seja força, energia, habilidade, potencial, capacidade para produzir resultados. Além do poder interno inerente, o poder é também catalisado social e culturalmente pelo aprendizado e pela aquisição de conhecimento, o desenvolvimento de habilidades e o controle de informação e recursos. O poder pode ser usado para controle, coerção, repressão e opressão, ou pode ser usado para influenciar, desenvolver, educar, liberar. Peter Block observou que o poder do chefe é assimétrico: é mais fácil apertar e encolher uma organização e tornar as pessoas cautelosas, do que usar o poder para abrir, expandir e tornar as pessoas mais corajosas. Quando se procura abrir uma organização é que se vê como o poder é realmente disperso através da organização inteira.

É crucial para o líder compreender o velho adágio "o poder corrompe" como uma introspecção espiritual essencial de como o poder afeta a consciência. O poder corrompe quando é usado com propósitos estritamente egoístas. O poder egóico se torna uma limitação para o despertar, um obstáculo para sentir o amor, a humildade e a abertura da nossa natureza essencial. Quando os líderes compreenderem o ego e suas estratégias de sobrevivência, compreenderão como serve a eles e aos outros compartilhar o poder apropriadamente para o bem de todos, em vez de reter e acumular. Compartilhar o poder eficazmente não só ajuda as pessoas a realizar o seu próprio poder interior como também liberta o líder individual para ser continuamente estimulado pela fonte interior. Esse é o benefício mútuo da autêntica autonomia.

Dada a mudança de organizações hierárquicas para as atuais organizações mais matriciais, mais achatadas, a grande questão para a liderança é: "Como liderar num mundo interligado?" Na esteira das organizações enxugadas e em contínua reorganização, estamos testemunhando a urgência de autonomia e sistemas de trabalho de alto desempenho, equipes de direção autônoma e situações semelhantes, em que os empregados são convidados a assumir mais funções e comportamentos gerenciais. Mais gente tem a oportunidade de atuar como líder.

Uma nova forma de liderança distribuída está evoluindo, a qual — como Don Tapscott observou — é funcionalmente equivalente à mudança do *mainframe* para a computação *desktop* distribuída, um processo que está proporcionando o acesso à informação e contribuindo para a mudança na liderança. Conhecimento é poder, e o poder — como no controle das informações — está fluindo através das redes de computadores, *lans*, e *intranets*. A liderança está sendo redefinida como uma função coletiva, em que mais indivíduos com mais acesso à informação, independentemente do nível hierárquico, recebem autoridade para tomar decisões.

Como observa Wheatley: "Se você pensa na vida como uma rede, então não existem altos e baixos. Soluções emergentes podem vir de qualquer lugar, mas são sempre muito circunstanciais, sempre altamente contextuais e, por conseguinte, serão bastante variáveis e sempre não planejadas." Isso é tanto a grande aventura como o grande risco da autono-

O Despertar da Liderança   75

mia. Se as funções de liderança são distribuídas na organização, temos que estar preparados para as surpresas de soluções verdadeiramente criativas.

Essa nova agitação no fluxo de poder reflete a mudança de consciência trazida pela expansão da presença das mulheres e das qualidades femininas nas organizações. Podemos descrever isso como uma mudança do poder tradicional, hierárquico, patriarcal do indivíduo carismático para o caminho mais de interligação, refletindo as maneiras femininas de exercer o poder. O feminino, ou yin, embora igualmente poderoso, opera de forma diferente do masculino. Embora haja limites claros para generalizações sobre diferenças de sexo, não é totalmente impróprio dizer que as modalidades femininas — baseadas em habilidades interpessoais mais sutis e mais dispostas a se engajar em participação coletiva, diálogo, consenso e soluções em que todos ganham, em vez de controle e comando manifestos e do jogo de soma zero — estão definitivamente afetando o tradicional exercício do poder e tendo o seu impacto na difusão da autonomia. A infusão de enfoques femininos permite que o poder flua mais eqüitativamente e atinja mais pessoas na organização.

A autonomia é a maneira como os líderes convidam os empregados a jogar o jogo da co-criação. Ocorre com sucesso mediante um processo de distribuir autoridade e encorajar a responsabilidade para liberar o poder completo de cada indivíduo. A autoridade e a responsabilidade são os dois pólos entre os quais flui a corrente de autonomia. Isso só funciona se for apoiado por um diálogo e um acordo claro entre os membros da organização. Tenho visto iniciativas bem-intencionadas de autonomia falharem por falta de comunicação clara, com expectativas, pedidos e promessas malcompreendidos ou mudados arbitrariamente.

Para a autonomia ter sucesso, tanto a organização como o indivíduo têm de celebrar e manter o seu compromisso um com o outro. Depende da liderança proporcionar oportunidade, recursos, orientação e acompanhamento, treinamento e educação, para ajudar os empregados a exercitar a sua autoridade de maneira eficaz; confiar neles, em sua capacidade, e encorajar e dar suporte para que assumam riscos; criar uma cultura que crie e recompense o alto desempenho e a ação capaz por parte dos empregados; e recrutar e procurar reter os indivíduos mais motivados, mais criativos. Por outro lado, depende dos indivíduos empenhar-se na estratégia organizacional e fazer uma escolha pessoal de ter autonomia. A liberdade e a autonomia residem no seu compromisso de assumir plena responsabilidade de ser automotivados, empreendedores e responsáveis. Os empregados com autonomia estão dispostos a sustentar o seu próprio moral e

76   *A Sabedoria no Trabalho*

atitude positiva no trabalho e a assumir total responsabilidade pelo seu desenvolvimento interior e pela sua carreira.

Quanto mais todos os membros e interessados participarem de um diálogo significativo sobre o propósito, os valores e a cultura subjacentes à autonomia, tanto maior será o desempenho de todos os seus membros. Em última análise, o alto desempenho se baseia na confiança construída a partir da disposição de todos para se comunicar, manter o diálogo e dar um *feedback* aberto e honesto; para viver com integridade e fazer e manter acordos claros; para ter coragem e apoio para assumir riscos de forma inteligente; para o respeito mútuo, a valorização dos indivíduos e sua diversidade; e para apreciar, reconhecer e recompensar as contribuições uns dos outros.

Qualidades do Líder Desperto

Uma vez que os líderes tenham criado a oportunidade do despertar, depende deles abrir o caminho. Isso exige cultivar de todo o coração as qualidades que tanto realizam como expressam o seu pleno potencial. Aqui me estenderei sobre algumas das qualidades listadas no Capítulo III, que acredito estarem mais em sintonia com a natureza espiritual da liderança.

Autopercepção

A primeira condição prévia do líder desperto é a autopercepção. A antiga injunção do oráculo de Delfos, de conhecer a si mesmo antes de todas as coisas, é igualmente importante hoje. Como comentou Joe Jaworski em seu sábio livro sobre o seu próprio despertar como líder: "Antes que você possa liderar os outros, antes que possa ajudar os outros, você deve descobrir a si mesmo [...] E nada é mais poderoso do que alguém que sabe quem é." O conhecimento de si próprio é sem dúvida o atributo-chave da liderança. Abre o olho do furacão, a clareza necessária no meio da mudança imprevisível e da crescente ambigüidade.

A liderança é a oportunidade de ficar frente a frente com as duas antigas questões subjacentes à busca da sabedoria pessoal: Quem sou eu? O que estou fazendo aqui? Ao fazer essa inquirição, não só vemos como operamos, não só compreendemos o que nos impulsiona e aonde pensamos que estamos indo; entendemos também que o mais profundo conhecimento de nós mesmos é; na verdade, a sabedoria que chamamos de verdade ou realidade. A autopercepção é uma qualidade fundamental da nossa

O Despertar da Liderança   77

verdadeira natureza e a via mais direta para compreendê-la. "Devemos examinar bem de perto a natureza do conhecedor", aconselha Jean Klein, o mestre suíço da consciência não-dual. "Isso requer toda a nossa atenção, todo o nosso amor. Assim você descobrirá o que você realmente é [...] Integrar a percepção do Eu é liberdade."

Se eu lhe fizesse agora a pergunta "Quem você é?", como você responderia? Normalmente nos referimos aos nossos papéis, credenciais, ocupação, história, gênero, corpo e condição física. Podemos invocar os nossos valores, idéias, crenças, talvez desejos e receios. Definimos as nossas forças e fraquezas, fazemos testes para determinar o nosso "tipo" e "estilo". Referimo-nos à nossa nacionalidade, religião, raça, classe, posição social para nos descrevermos. Pensamos no eu psicológico, no eu social, no eu cultural, no eu natural, biológico. Um pouco de reflexão mostra que todas essas categorias e elementos que geralmente identificamos com mudanças em diversos estágios da vida são todos condicionais das circunstâncias ou da natureza, acidentes do destino ou produtos do condicionamento.

Qual é o Eu que não muda? O que é aquilo que você é que permanece, enquanto tudo o mais vem e vai, que permanece não condicionado? Quando exploramos o mistério fundamental do Eu, podemos identificar três componentes inseparáveis dessa natureza imutável, realidade subjacente à nossa natureza. Como a água, que é líquida, transparente e insípida, também o Eu tem as qualidades do ser, da percepção e da potencialidade.

A verdade simples de sua existência é que você é. Todos têm a experiência do "eu sou". Você diz e pensa nisso constantemente: Eu sou feliz, Eu estou triste, Eu sou jovem, Eu estou ficando velho, Eu sou organizado, Eu estou ocupado, Eu sou bem-sucedido, Eu estou atrasado nos compromissos, Eu sou um líder, etc. Esse "eu sou" é o fio inquebrantável da continuidade da sua existência. É a presença sem interrupção do que você tem sempre sido, enquanto toda a experiência mente-corpo e as circunstâncias têm mudado incessantemente. Como âmago, você é ser puro. Está sempre aqui, e, onde quer que esteja, está aqui. Esse ser imutável, imperturbável pela experiência é pura paz, satisfação, realização. Não precisa de nada e tudo está contido dentro dele. Toda a experiência que buscamos na vida já está dentro de nós. O nosso próprio ser é o terreno a partir do qual tudo provém, a fonte de toda a nossa experiência, do nosso fazer e do nosso ter.

O Eu não somente é, ele está ciente de que é. A consciência, uma qualidade fundamental da nossa verdadeira natureza, é a capacidade da sensibilidade — saber, sentir, pensar, intuir, ter consciência de nossa experiência. Essa sabedoria perene declara que a consciência é o substrato subjacente à realidade e inerente a toda a vida, desde o ser humano aos menores insetos e mesmo à matéria inorgânica. Como humanos, temos uma extraordinária capacidade de nos tornarmos plenamente autoperceptivos.

Normalmente, pensamos que somos o invólucro mente-corpo e nos identificamos com os nossos pensamentos, sentimentos e corpo. Ainda assim, há algo que está ciente de tudo isso, e pode testemunhá-lo sem se identificar com isso ou ser limitado a isso. Essa capacidade de testemunhar ou observar é pura consciência. A atenção é o foco da consciência sobre um objeto específico da experiência. A completa atenção para a nossa experiência no aqui e agora — incluindo pensamentos, sentimentos, comportamentos, sensações, ambiente — é freqüentemente chamada de concentração. É, em outras palavras, simplesmente escutar: escutar o eu, a sua experiência, os outros e o que está ao seu redor.

Essa percepção tem um enorme poder. Ser perceptivo dessa maneira muda tudo. Isso o coloca em pleno contato consigo mesmo e com a vida. Traz uma clareza penetrante, uma maneira de ver as coisas como elas realmente são, sem condicionamento, imagens prévias ou preconceitos.

Os tempos de mudança e ambigüidade exigem que os líderes prestem total atenção ao que está surgindo neste momento. Se você sabe como escutar, pode descobrir o que fazer em seguida. É um grande alívio entender que não faz mal não saber o que fazer em seguida, desde que se esteja disposto a escutar, aberto e atento ao momento. Essa qualidade de capacidade de atenção no aqui e agora libera a intuição, e é a chave de toda resposta apropriada. Com plena atenção, o que você precisa saber surgirá, e a direção do fluxo será revelada.

Em suas explorações da sincronicidade na liderança, Jaworski observou: "A capacidade para descobrir e participar do desdobramento do nosso futuro tem mais a ver com o nosso ser — ou total orientação de caráter e consciência — do que com o que fazemos. A liderança é criar, dia a dia, um terreno em que nós e aqueles à nossa volta possamos aprofundar continuamente, nossa compreensão da realidade e ser capazes de participar da construção do futuro. Esse, então, é o mais profundo território da liderança — coletivamente 'escutar' o que está querendo emergir no mundo, e então ter a coragem de fazer o que é pedido."

Quando focalizamos a percepção sobre a nossa própria potencialidade, a autonomia acontece naturalmente. Como foi discutido no Capítulo III, esse profundo reservatório de energia ou poder dentro de nós é outro componente fundamental do Eu verdadeiro. É a vitalidade sem forma, dinâmi-

O Despertar da Liderança   79

ca ou a própria força da vida, o material a partir do qual toda experiência flui. Dentro desse terreno de pura possibilidade, o seu destino está codificado. O desafio do líder visionário, com percepção própria, é intuir e abraçar o destino. Esse abraço é tanto uma escolha proativa como uma submissão, que o liberta para viver o seu potencial sem resistência.

Fico continuamente impressionado com o modo como resistimos ao nosso próprio potencial, e nos apegamos ao nosso sentimento de limitação. Essa resistência — que na superfície parece uma negação do nosso poder ou possibilidade — é na verdade fundada sobre uma percepção profunda, subliminar da espantosa capacidade dentro de nós. "O nosso mais profundo receio não é que sejamos inadequados", sugere ironicamente Marianne Williamson. "O nosso mais profundo receio é que sejamos poderosos além da medida. É a nossa Luz, não a nossa escuridão, que mais nos assusta [...] E ao deixarmos a nossa Luz brilhar, inconscientemente damos permissão a outras pessoas para fazer o mesmo. Ao sermos liberados do nosso próprio medo, a nossa presença automaticamente libera os outros." Esse entendimento daquilo de que somos capazes é a fonte da autoconfiança, coragem e carisma do líder, e de sua capacidade de dar autonomia e inspirar os outros para o seu próprio alto desempenho e grandeza.

O Eu, então — abrangendo ser, consciência e energia — é a fonte da qual toda a nossa experiência flui. Essa mente-corpo que normalmente chamamos de "eu", na verdade, surge da nossa própria natureza, formada pela dança de energia e consciência. A nossa potencialidade sem forma assume a forma que a consciência lhe dá. Quando a energia flui por meio dos estados de consciência da mente, torna-se as muitas formas da nossa experiência. Em essência, aquilo em que você põe atenção, você cria. Como Buda nos lembrou: "Nós somos o que pensamos. Tudo o que somos surge com os nossos pensamentos. Com os nossos pensamentos fazemos o mundo." Na tradição bíblica, isso está expresso nos Provérbios 23:7 assim: "Pois como ele pensa em seu coração, assim ele é."

Podemos desenvolver as qualidades essenciais para a liderança bem-sucedida à medida que percebemos como a consciência criou a nossa experiência. Isso demanda uma compreensão do sistema operacional humano que dirige o organismo mente-corpo. As áreas revolucionárias da saúde holística e a psiconeuroimunologia têm demonstrado que o velho pensamento dualista, que separa "mente", "corpo", "emoções" e "espírito" em categorias distintas, não pode apreender a complexidade fundamental da unidade mente-corpo. Essas categorias são modificações da energia-consciência que formam o substrato subjacente ao organismo uno inteligente, auto-regulador, que está em constante comunicação consigo mesmo. O pensamento estimula a atividade neuronal no cérebro, que gera substâncias neuroquímicas, cadeias baseadas em proteínas de aminoácidos, que fluem como neurotransmissores, levando mensagens químicas às células do corpo. As células têm receptores que recebem e decodificam a mensagem injetada pelo neurotransmissor. A reação celular então se torna a base para a nossa experiência física e emocional.

Todo esse microcosmo de experiência é a atividade da consciência. Enquanto o cérebro físico está na cabeça, a inteligência — levada pelo substrato neuroquímico — literalmente flui através do corpo. A consciência percorre — e habita — todas as células do corpo, e está em contínua comunicação consigo mesma por meio da sua rede auto-reguladora. No verdadeiro holismo, mente, emoções e corpo são teoricamente forças iguais que podem influenciar umas às outras. O físico afeta a consciência, e vice-versa. Por conseguinte, teoricamente, podemos intervir em qualquer ponto e afetar o resto do sistema. Assim, o alimento afeta os estados da mente, a massagem pode liberar emoções, e a psicoterapia pode baixar a contagem das células assassinas do sistema imunológico e reduzir o câncer.

A autopercepção nesse contexto significa observar diretamente o poder da mente para formar a nossa experiência. Devemos prestar muita atenção aos estados cruciais da mente formativa — suposições, crenças, valores, princípios operacionais — que dão forma ao nosso senso de identidade e determinam o que nos é possível.

É também essencial enxergar como a mente filtra a nossa percepção. "Vemos as coisas não como elas são, mas como nós somos", lembra Anaïs Nin. A condição do mundo que vemos "lá fora" é um reflexo de como somos por dentro. Se tivermos conflitos interiores, veremos e experimentaremos um mundo de conflito. Assim, temos de encontrar a paz e a alegria dentro de nós mesmos, de forma a descobri-las no mundo, exatamente como temos de ser capazes de resolver o conflito interior para resolver o conflito exterior. Quando lhe perguntaram o que estava fazendo para apoiar o movimento para a paz nos anos de 1960, um grande mestre zen respondeu, invocando uma tradicional meditação zen: "Bebo uma xícara de chá e paro a guerra."

A mente não só filtra a nossa percepção, mas também usa os dados que percebemos para justificar as suas crenças e interpretações. Quando realmente reconhecemos o quanto gostamos de estar certos, vemos a trama fechada inerente que nos aprisiona em padrões de pensamento, que sustentam as nossas limitações e se tornam justificativas que se bastam a si próprias. Ficamos muito alegres em dizer: "Eu bem que avisei." Adoramos estar certos, mesmo sobre interpretações que estão nos matando. Defenda as suas limitações, e elas serão suas. Isso foi o que descobri trabalhando no campo da autonomia pessoal por mais de uma década. Há pessoas que preferem estar certas sobre quão inadequadas elas são do que deixar uma zona de conforto e uma auto-imagem que pode ser dolorosa, mas é familiar e segura. É por isso que a disposição para estar errado é uma posição corajosa e a base para a mudança e o aprendizado.

Se queremos ficar cientes dos obstáculos ao nosso completo despertar como líderes, devemos observar atentamente as funções de sobrevivência da mente e as profundas suposições que as dirigem. Aqui descobrimos o *software*-chave que roda o sistema operacional.

Ken Wilber observou que, à medida que a unidade fundamental de vida se diferencia em organismos ou "eus", cada organismo é movido simultaneamente por dois impulsos aparentemente opostos. Um impulso é buscar a sua sobrevivência e o sucesso, como uma entidade separada, através da busca da individuação, o desenvolvimento do pleno potencial do organismo. Ao mesmo tempo, o organismo é dirigido pelo impulso igual e oposto em direção à *autotranscendência*: ele aspira a ir além de sua existência separada e recuperar o sentimento de unidade com o todo, a comunhão com o Eu supremo. Consideradas juntas, a individuação e a autotranscendência formam o processo completo da auto-realização.

Os dois impulsos são dirigidos por um conjunto de suposições inter-relacionadas de sobrevivência — a crença na separação e na imperfeição. Ironicamente, esses princípios operacionais delimitadores mantêm o sofrimento e também nos impedem de ir além dele. A crença básica do estado mental dualista é que Eu sou uma identidade radicalmente separada do mundo. Essa suposição por si só é a queda da graça, a nossa própria aparente separação do estado divino. Ela é sistematicamente sustentada pelo condicionamento cultural, especialmente na cultura americana, que é infundida com a versão mais extrema de individualismo do planeta. A aspiração à autotranscendência e à superação da separação do individualismo radical é uma força subjacente a todo o nosso *stress* e sofrimento.

Acreditar em nossa separação significa que esquecemos a nossa totalidade original. Isso é na realidade uma intuição subliminar acurada. Ignorantes de nossa verdadeira natureza, suspeitamos que não somos totais, que não somos completos, que alguma coisa está faltando. Isso é o que a tradição bíblica chama de pecado original — o sentimento de que somos inadequados, de que alguma coisa está faltando, de que nada encaixa. Então vivemos levados pela suspeita atroz, inconsciente, que aparece na crença de que eu não sou completo, não sou total, e devo me realizar. A vida então se torna um processo de buscar o que nos completará, o que nos aperfeiçoará. A hierarquia de necessidades de Maslow descreve a nossa busca de individuação mediante o cumprimento de uma seqüência de necessidades.

Uma vez que essas crenças passem a existir, as estratégias-chave de sobrevivência do desejo e do medo tentam superar a separação e a imperfeição, para ganhar novamente a totalidade e a unidade. O desejo pode se estender ao longo de um espectro de interesse-atração-agrado-preferência-afeto-necessidade-dependência-apego. Buscamos o que quer que seja que julgamos que nos dará a experiência de totalidade e comunhão. Enquanto buscarmos essas coisas fora de nós mesmos, em objetos materiais — fama, fortuna, relacionamentos, *status*, sucesso —, nunca estaremos satisfeitos. Todo o sistema econômico e a indústria da propaganda promovem um consumismo projetado para criar e sustentar a insatisfação fundamental, balançando na nossa frente as promessas intermináveis de mais, melhor e diferente.

Não estaremos satisfeitos até compreendermos a verdade sobre o desejo: que o desejo em si mesmo nunca é satisfeito. Podemos experimentar uma gratificação temporária quando momentaneamente obtemos um objeto desejado ou determinada experiência, mas o *processo* de desejo prossegue. Quando vemos o mecanismo do desejo como uma espiral interminável, podemos finalmente ver através de todo o padrão. Embora pensemos que é a gratificação do desejo que cria a satisfação, vamos compreender que na verdade é a ausência de desejo — o estado de nenhum desejo — que revela a satisfação inerente ao nosso Eu verdadeiro.

A sua libertação do interminável ciclo de desejo e gratificação vem do entendimento de que a felicidade, a realização e a satisfação já estão dentro de você. Essa percepção por si mesma é libertadora. Então você pode testemunhar o processo de desejo e mansamente voltar as suas necessidades, demandas e apegos para preferências levemente sustentadas.

O outro lado do desejo é o medo. Como uma estratégia de sobrevivência, o medo é criado quando percebemos que a nossa sobrevivência está ameaçada. Não há nada objetivo sobre isso. O medo da rejeição, do fracasso, da perda, da crítica, e mesmo da morte é sempre baseado em interpretação e percepção. O medo máximo, naturalmente, é o medo da morte, de se dissolver de volta na origem, de apagar as fronteiras da nossa separação. Assim, todo medo se baseia na intuição, no fundo correta, de que não se está realmente separado, e de que se deve lutar continuamente para sustentar uma noção de solidez no espaço e de duração no tempo.

O Despertar da Liderança　83

O medo também percorre um espectro de estados mente-corpo de preo-cupação-dúvida-ansiedade-repugnância-evitação-espanto-horror-paranóia-terror. Podemos notar que freqüentemente tememos o modelo-oposto do que desejamos e a que estamos ligados. Se queremos aprovação ou aclama-ção, tememos a rejeição; se queremos sucesso, tememos o fracasso ou o risco; se nos apegamos ao poder, evitamos ser controlados; se queremos vencer, somos ameaçados pela perda; se somos apegados à vida, tememos a morte. Compreender o jogo dessas polaridades nos ajuda a relaxar a tensão do medo. Afinal, a nossa liberdade provém, antes de mais nada, de vermos claramente através das interpretações fundamentais que criam o medo.

O desejo e o medo geram e sustentam um ao outro, surgindo de forma interdependente ao nos esquecermos de nossa natureza original. Tornam-se, então, a maneira como o eu incompleto imaginado vive as suas inter-mináveis tentativas contraditórias tanto de sustentar como de sanar a im-perfeição ilusória e a separação do todo.

A nossa identificação com o organismo mente-corpo, e a nossa ligação com as suas suposições e estratégias, é chamada de "ego" na Filosofia Perene. Enquanto coloquialmente é usado no Ocidente como uma arro-gância ou prevalência da vontade própria, aqui ego simplesmente significa esse funcionamento que sustenta a sobrevivência do organismo em que o Eu tomou forma. Em essência, é a maneira como o Eu medeia pelo mundo da corporificação. Além disso, quando nos identificamos com o pensa-mento do Eu e a atenção se prende na rede de crenças e estratégias do ego, esquecemos a totalidade inerente, já existente; sentimos então o sofrimento da separação e da imperfeição. A percepção fica embaçada pela mente, e nos tornamos vítimas automáticas inconscientes da luta pela sobrevivên-cia. Não há nenhuma felicidade, satisfação ou amor real no domínio egóico, apenas simulações inteligentes. Somente quando nos voltamos para a fon-te do ego é que descobrimos que aquilo que estávamos buscando já está desde sempre aqui e agora.

Esse é o poder máximo da autopercepção. Percepção é observação pura, sem julgamento. Apenas ver. Como o contexto em que todo pensamento tem lugar, a percepção é livre do processo da mente. Não é apanhada no drama egóico. Ela observa a mente. Essa percepção nos oferece um lugar para repousar. Ela nos abre para a paz do nosso ser e para a imutável feli-cidade e a realização anteriores ao desejo e ao medo. Em última análise, a percepção nos dá liberdade e escolha.

Quando você está inconsciente, permanece como uma vítima mecâni-ca de suas próprias tendências mentais subjacentes, hábitos dolorosos e padrões contraproducentes. A autopercepção aumentada revela esses hábitos e padrões para que você possa lidar com eles. Você pode aceitá-los, deixá-los de lado ou mudá-los. A percepção lhe dá a escolha de responder apropriadamente, de canalizar o seu poder nas direções que escolher.

Quando estamos simplesmente perceptivos, simplesmente observamos o fluxo da mente e da experiência sem identificação ou apego, chegamos a intuir que essa percepção em si mesma é a nossa verdadeira natureza. Livre como o espaço, desobstruído, em paz, você observa a dança da sua própria energia e consciência. Nessa liberdade, a mente encontra o seu lugar certo como instrumento do Eu, e serve ao organismo ajudando-o a viver o seu destino no palco da vida.

Na lucidez além da mente e do Eu-pensamento, podemos descobrir a essência da liderança no mais profundo do nosso ser. Robert Rabbin perscrutou as profundezas desse mistério em sua evocação do *koan* zen, em que o mestre confronta o estudante com um enigma ou questão que não tem nenhuma resposta conceitual, mas se destina a agitar o domínio intelectual da mente e revelar, no silêncio do não-pensamento, o conhecimento intuitivo. "Ninguém que eu conheça", escreve Rabbin,

> penetrou o *koan* da liderança. Um *koan* é um enigma cuja solução só pode ser encontrada indo totalmente além de todo condicionamento e pensamento. A solução se origina de um lugar inteiramente livre de imagem, crença e conceito. A mente que responde a um *koan* não é absolutamente nenhuma mente; é vazia de toda representação. Lutar com o *koan* da liderança requer reflexão aguçada e inquirição persistente. Temos que refinar a nossa percepção para ter uma chance de descobrir o que pode estar enterrado, um tesouro, debaixo das camadas do pensamento conceitual. Uma idéia de liderança sempre errará o alvo; é muito vagarosa e pesada; as idéias não podem responder suficientemente rápido à realidade. É por isso que a liderança é um *koan*. Qualquer definição ou formulação de liderança errará o alvo. Contemple a liderança como uma maneira de se libertar do condicionamento e do pensamento. Então você estará qualificado para ser um líder.

Integridade

Há muito a integridade é considerada uma das virtudes cardeais do caráter na cultura ocidental. É absolutamente fundamental para o despertar da liderança, e representa um casamento perfeito do espiritual e do prático.

O significado original da sua raiz grega é "completo, uno, não dividido". A integridade expressa a totalidade subjacente da nossa verdadeira natureza. Quanto mais a praticamos, tanto mais ela fortalece a nossa experiência consciente de ser total. É igualmente o meio e o fim, uma fonte de eficácia tanto para o indivíduo autoperceptivo como para a organização consciente. Provém da linha básica individual do ser último e serve à linha básica dos negócios, de lucro e sucesso estratégico. A integridade funciona como uma qualidade tanto individual como coletiva. É uma verdadeira interface em que a pessoa e a organização se encontram, o próprio centro da gravidade de nossa capacidade para funcionar eficazmente na vida e no trabalho. A integridade é o teste supremo da espiritualidade autêntica, seja organizacional ou pessoal. Essa chama do ser verdadeiro consigo mesmo é tanto o âmago da força pessoal quanto o impulso máximo da elasticidade organizacional. O nosso desafio, então, é viver com integridade; agir de forma referencial própria, coerente com o que somos, o que representamos e com o que viemos fazer aqui.

A integridade se baseia numa percepção clara de quem somos e de nossos valores, princípios e crenças. Há uma crescente compreensão, atualmente, nos negócios, de que o sucesso financeiro não pode ser a única linha de base. Como o meu colega *on-line* Barry Savage, diz: "Viver pela linha de base [financeira] é o equivalente cultural de viver na parte rasa da aposta do gene." Há um núcleo de líderes despertos que acreditam que as organizações têm de ser *guiadas* por profundos princípios e moral, considerações éticas. Naturalmente, o negócio é claramente *dirigido* por forças de mercado, e boas intenções e valores positivos não podem garantir o sucesso financeiro.

Mesmo assim, a questão para os líderes que pensam permanece: Como afinal se define o sucesso? É apenas o lucro ou é também a maneira como se faz as coisas e como se trata os funcionários, os clientes, a comunidade e o meio ambiente? "Precisamos discutir uma nova linha de base", aconselha Michael Lerner, "que julgue a produtividade em termos de nossa capacidade de educar ética, espiritual e ecologicamente seres humanos sensíveis, que sejam capazes de manter relações de amor e compromisso duradouras." Surge agora uma nova linha de base, que integra a busca do lucro e a vivência dos nossos valores mais profundos.

Robert Haas, executivo-chefe da Levi Strauss, assumiu a sua posição:

> Todos olham pelo lado errado do telescópio, como se o lucro dirigisse o negócio. O relatório financeiro não atinge o que interessa — o moral do empregado, a rotatividade de empregados, a satisfação do consumidor, a entrega dentro do prazo, as atitudes do consumidor, as percepções da marca, as intenções

de compra —, que determina os resultados financeiros. Acredito que, se você cria um ambiente com o qual o seu pessoal se identifica, que corresponda ao seu senso de valores, justiça, equilíbrio, ética, compaixão e apreciação, eles o ajudarão a ter sucesso. Não há garantia — mas apostarei minhas fichas nessa visão.

Outro orador de destaque na área do poder dos valores, James R. Houghton, ex-presidente do conselho da Corning Incorporated, disse ao seu grupo de gerenciamento da empresa, em 1994:

Valores não são apenas belos conceitos sobre os quais escrever ou conversar. Acredito que sejam instrumentos de negócio muito poderosos. Quero fazer esse destaque porque muita gente pensa que essas são questões menores. Alguns pensam que o desempenho financeiro é para "homens de verdade", e que [os valores de] Qualidade e O Indivíduo são para os "garotos". Acham que os valores são o mais fácil, mas que apenas depois de se atingir um desempenho financeiro elevado é que se pode buscar esses outros valores. Bem, eu digo que não é assim. Não se pode obter desempenho financeiro de longo prazo, de alto nível, a menos que se lide com Valores como a Qualidade e O Indivíduo. O desempenho os segue, ele não vem primeiro.

Sob a direção de Houghton e seu sucessor, Roger Ackerman, a Corning lançou uma iniciativa abrangente para integrar valores duradouros num conjunto de comportamentos específicos de tempo real que pode ser avaliado regularmente. Essa iniciativa proporciona a base de um ambiente de operação empresarial destinado a criar alto desempenho e a apoiar o desenvolvimento de todo o seu pessoal.

Para os líderes comprometidos com a integridade, o primeiro passo é a reflexão interior para esclarecer os seus valores. Em que eu acredito profundamente? O que apenas aceito sem crítica, com base no meu condicionamento? Como vivo os meus valores no meu local de trabalho e liderança? Quais são as áreas de incongruência e conflito com esses valores em minha vida? O trabalho é um local em que posso ter coerência entre os meus valores e o meu comportamento? Posso viver minha integridade ou o meu meio de vida certo aqui? Tenho de mudar ou mesmo deixar o meu trabalho para permanecer íntegro? Qual o significado do meu trabalho no contexto do meu propósito mais profundo e do meu compromisso na vida?

No trabalho diário, a integridade se expressa em falar e agir de forma coerente com o que defendemos e com a nossa missão. É o fervor de se praticar o que se fala. O local de trabalho é literalmente mantido por pessoas que dão e mantêm a sua palavra: fazem promessas, acordos e assumem compromissos, delegam autoridade e assumem responsabilidade, tornam-se uns aos outros responsáveis, declaram visões e vivem suas missões, engajam-se na comunicação aberta de forma contínua.

Essa integridade coletiva canaliza um poder enorme. Impulsiona o alto desempenho e assegura a lealdade do cliente. Confere uma dignidade e nobreza de espírito que também cria moral. Simplifica a vida e supera a confusão. É a base de equipes bem-sucedidas e a fonte da coesão e da flexibilidade organizacionais. É a palavra coletiva que cria a alma da organização, com o seu pessoal unido pela confiança, pelo respeito e pela compaixão um pelo outro.

A integridade, a base da confiança nas relações pessoais, não é menos importante no local de trabalho. Tem ocorrido uma tal erosão da confiança em nossas organizações que as pessoas estão examinando atentamente as suas lideranças pelo mais leve rompimento da integridade. O ponto de vista mais comum agora é que os líderes, especialmente os muito visíveis, são culpados até prova em contrário. E, quando o inevitável rompimento ocorre, quando falham em manter a palavra, dão a todos o direito de ficar ainda mais cépticos. Embora seja verdade que a liderança tem que moldar a integridade e se manter inteiramente responsável por quaisquer rompimentos, os empregados que simplesmente buscam justificar o seu cepticismo com mais um "Eu bem que disse, não podemos confiar neles" estão também incorrendo em irresponsabilidade e falta de integridade.

A integridade é expressa como honestidade, a disposição de falar a verdade e dar às pessoas o *feedback* construtivo apropriado em atenção e formas de apoio. A integridade é igualmente poderosa em nossa escolha de ficar em silêncio quando nada há de produtivo a dizer. Essa honestidade é o desafio que enfrentamos se quisermos criar trabalho e organizações que expressem a nossa verdadeira natureza. Ao nos abrirmos e nos velarmos, damos a todos uma oportunidade de proceder da mesma forma. A crença de Mahatma Gandhi no poder da "força da verdade" (*satyagraha*) foi claramente crucial para atrair o apoio maciço para a independência da Índia. Tomar posição é tanto assustador como libertador. Como Gandhi, Martin Luther King e outros líderes de grande integridade demonstraram, a energia da verdade é contagiante e se catalisa nos outros. Embora eu acredite que "a verdade vos libertará", quantos dentre nós estão dispostos a aceitar os riscos de manter-se do lado da verdade quando for preciso? Essa abertura começa como uma real vulnerabilidade, mas, à medida que nos acostumamos a ela, encontramos nela a nossa força e, no final, a nossa invulnerabilidade. No final das contas, chegamos a entender que o nosso único santuário é a verdade e que o nosso compromisso com a vida é ser essa verdade.

Os rompimentos com nossa integridade tendem a ser causados pelas estratégias egóicas de sobrevivência do medo e do desejo, que protegem ou aumentam o nosso interesse próprio. Eles estão enraizados na nossa crença na separação e na imperfeição, e a reforçam. Sacrificamos a nossa integridade regularmente, em razão da nossa necessidade de ganho pessoal, de ambição de lucro, de conseguir os nossos intentos. Esse enfoque egóico é a principal causa do nosso sofrimento, e é por isso que as quebras da nossa integridade são tão penosas. São negações do nosso ser, total-integral desde sempre, e da nossa unidade com o resto da vida. Assim, podemos ver a integridade como uma maneira de ser e de agir que não é dirigida pela sobrevivência, imperfeição ou separação, mas é motivada pela nossa realização interior e serve a ela, bem como à nossa unidade com os outros.

Contudo, há o perigo de medir a integridade apenas pelo comportamento. Paradoxalmente, é a nossa própria percepção da nossa coerência ou incoerência que é a verdadeira medida da nossa integridade. Saber quando estamos falhando com a integridade e retornar a ela, também é uma função da integridade.

Não vejo motivo para sucumbir à culpa. Normalmente, quando os rompimentos e conflitos ocorrem, a culpa surge como um castigo emocional infligido por nós mesmos, pela nossa transgressão percebida. A minha visão é que a percepção do comportamento é suficiente, que a culpa é um sofrimento auto-indulgente, que nada faz pela nossa integridade. Na verdade, a culpa reforça a ilusão da nossa pequenez e nos incapacita para uma ação forte e eficaz. Uma vez consciente da transgressão, tudo o que é necessário é voltar a percepção de novo para os nossos compromissos e valores, para o nosso inerente ser total. Às vezes as pessoas precisam de passos intermediários de aceitação e perdão de si mesmas. Então é essencial cuidar de qualquer desordem circunstancial ou conseqüências que possam ter sido criadas pela quebra da integridade.

É difícil falar do processo fluido de ser verdadeiro consigo mesmo em termos estanques. Eu vivo a integridade como uma meditação contínua sobre quem sou e um contínuo retorno a mim mesmo. Eu nos vejo entrando e saindo da integridade, numa permanente alternância entre lembrar e esquecer. É um constante processo de se concentrar na percepção e no compromisso, toda vez que nos desviamos. A partir dessa visão, as quebras da integridade não invalidam a nossa integridade, desde que estejamos comprometidos com o retorno contínuo a ela.

O Despertar da Liderança

Esse comprometimento fortalece a nossa base consciente no Eu subjacente, e permite que o comportamento flua mais espontaneamente de todo o nosso ser. Nessa espontaneidade há um fluxo automático de ação em que o indivíduo se torna um instrumento do desdobramento da totalidade. Aqui a totalidade interior e a unidade exterior são uma só coisa.

Como vivemos com integridade, passamos a reconhecer que todos estamos participando da interdependência do todo maior. As nossas atividades individuais integrais são a maneira como a totalidade maior se desdobra como um sistema que se auto-organiza. Nesta era de conectividade de redes de trabalho, a nossa integridade reflete de modo holográfico a unidade subjacente à existência. A uma certa altura podemos vir a entender que a integridade é o nosso melhor guia através do desconhecido inexplorado.

Muito da integridade é expresso no discurso. A palavra é o passo inicial no processo criativo de traduzir a idéia em manifestação física, o próprio arquétipo do ato criativo. O grego *logos* foi incorporado no Evangelho de João como: "No começo era o Verbo, e o Verbo estava com Deus, e o Verbo era Deus. Ele estava com Deus no começo. Através dele todas as coisas foram feitas; e nada do que foi feito, foi feito sem ele." (João 1:1-3). A versão hindu dessa compreensão radical do processo de criação está expressa no antigo texto Chandogya Upanishad: "Toda essa criação fenomenal está unida pelo fio do discurso." A clássica visão indiana afirma que o universo está sendo parido pelo Om original, a vibração do som ou o tom subjacente a tudo, o Discurso Próprio do Único Movedor Imóvel, que se irradia e toma forma como os múltiplos mundos da existência.

Essas amplas cosmologias são vividas em microcosmos nos atos diários do discurso com os quais os líderes criam o novo. Toda vez que visualizamos o quadro todo e o explicamos em declarações de missão, estratégias, metas e objetivos, nós nos engajamos no processo de criação. Toda vez que você declara a sua verdade e pratica o que diz, está na vanguarda do novo. Quando praticamos o autodiscurso positivo e declarações de autonomia para transformar crenças limitadoras e princípios operacionais (veja o Capítulo VI), estamos literalmente engajados no processo de autocriação, cultivando uma nova maneira de ser no mundo. A sua palavra é uma expressão do Verbo. A sua palavra expressa o poder criativo universal na vida e no trabalho diário. Os atos falados de integridade do líder individual — promessas, acordos, declarações, visões, profecias — são literalmente as dimensões microcósmicas do processo macrocósmico da própria criação. É assim que a palavra se torna carne, e é assim que o líder individual participa ativamente como um instrumento do todo.

Na Filosofia Perene, diz-se que, quando um indivíduo entende a plena autopercepção, o comportamento da pessoa flui espontaneamente, guiado intuitivamente pela sabedoria e pela energia profunda que anima o próprio universo. Nessa integridade, que é tanto uma totalidade interna como uma integração com a unidade maior da vida, não há mais distinção entre o interesse próprio do indivíduo e o bem do todo. Talvez, da mesma maneira, quando uma organização auto-reflexiva vive a sua integridade coletiva, pode criar formas e estruturas apropriadas e verdadeiras que lhe possibilitem evoluir adequadamente, em harmonia com o ambiente em constante mudança. A integridade, então, é a demonstração ativa da totalidade, uma expressão comportamental visível do nosso ser invisível.

Coragem

Como viver com integridade é viver em risco, a integridade autêntica se baseia na coragem. A coragem é definida no dicionário como a força mental ou moral que nos capacita a aventurar-nos, perseverar e suportar o perigo, o medo ou a dificuldade, firme e resolutamente. É a firmeza de espírito que enfrenta o perigo ou a dificuldade extrema sem bater em retirada.

Em nossa cultura de mídia de massa, orientada para o machismo, a coragem é freqüentemente retratada simplesmente como "não ter medo". Mas o medo de alguma forma provavelmente surge quando você assume uma posição impopular, quando você aposta seus bens e arrisca altos investimentos num novo produto ou estratégia, quando diz não para o chefe ou seus clientes, quando age de forma decisiva diante da ambigüidade, quando escolhe os seus valores acima do interesse próprio de curto prazo ou da sua sobrevivência. Embora o destemor seja, na verdade, uma condição do nosso ser supremo, não podemos chegar a ele negando o medo ou tentando não conhecê-lo. De fato, a coragem é a disposição de enfrentar o medo, de ser inteiramente aberto a ele. O mestre budista tibetano Chögyam Trungpa Rinpoche, nos ensinamentos do caminho sagrado do guerreiro, observou: "Para vivenciar o destemor, é preciso vivenciar o medo. A essência da covardia é não reconhecer a realidade do medo." A coragem, então, é a disposição de enfrentar o medo e assumir os riscos requeridos pela nossa integridade e pelos nossos compromissos mais profundos.

É significativo que a palavra coragem venha do francês *coeur*, coração, e signifique literalmente "mais no coração". Relaciono isso com a palavra inglesa *"core"*, o centro ou essência de algo. Assim a coragem vem do centro, o âmago de poder ou energia no coração do ser. Geralmente empregamos "mente" ou "cabeça" para nos referir ao pensamento, e "coração" para nos referir à nossa natureza de sentir. Nessa acepção, a verdadeira coragem é a disposição de sentir, de estar plenamente presente ao fluxo de sensação e emoção no corpo.

Sentimentos são as formas que toma a sua força inerente. As suas emoções são literalmente a movimentação de energia (e-moção) no corpo. Mais especificamente, uma emoção é um pensamento percorrendo o corpo, carregado por impulsos neurofisiológicos e mensagens bioquímicas. Cada emoção é conseqüência de determinada interpretação. O medo é o resultado de uma interpretação de que a sua sobrevivência ou bem-estar estão ameaçados ou em risco. Essa percepção dispara as sensações a que chamamos de medo.

A chave para lidar com essas emoções é sentir plenamente. Quando sentimos plenamente, damos à emoção a oportunidade de se completar e se dissipar. As emoções seguem uma lei básica simples: se você as sente, elas passarão. Isto é, se você as sente sem se apegar à sua história ou à interpretação que as cria, então elas vêm e vão naturalmente. Sentir uma emoção é aceitá-la sem julgamento e experimentá-la como sensação pura. Quando você faz isso, a emoção vive o seu tempo de vida e desaparece. Se você não a enfrenta, se você resiste a ela, se a nega, julga ou reprime, ela permanece. Fica armazenada, na mente ou no corpo, como alguma forma de *stress*, ou pode surgir no final como uma doença.

Sentir plenamente, sem julgamento ou interpretação, nos abre para vivenciar a sensação como ela realmente é: pura energia. O medo, como outras emoções, é uma forma que rouba o nosso poder ou potencialidade. Quando o experimentamos puramente, obtemos o poder de nossa verdadeira natureza e descobrimos quão poderosos realmente somos. Tornamo-nos vivos *como* essa energia, somos movidos *por* essa energia, cheios *da* vitalidade do nosso ser. Isso é o que os antigos chamavam de "entusiasmo", o que literalmente significava estar cheio de *theus*, isto é, cheio de Deus ou do divino, a energia do Eu.

A coragem, então, é a disposição de sentir plenamente, de sentir as nossas emoções, o medo, a raiva, os desapontamentos, a tristeza. A escolha de sentir recria dentro de nós um microcosmo da antiga ciência da alquimia — o processo de transmutar metais básicos em ouro —, que era em essência uma transformação espiritual. Dentro das próprias células do nosso organismo mente-corpo ocorre uma transmutação alquímica da emo-

92   *A Sabedoria no Trabalho*

ção básica do medo no ouro puro da coragem. Os líderes sábios, então, não apenas compreendem que o medo é o substrato neurofisiológico e a origem da coragem, mas também que situações de incerteza e risco são as oportunidades para manifestar a nossa integridade e força. É nesse contexto que o risco se torna eufórico, o cadinho borbulhante no qual a coragem se forma.

A coragem é a disposição de enfrentar o medo, senti-lo profundamente e agir mesmo assim. A princípio, você se vê frente a frente com a sua vulnerabilidade. À medida que se familiariza com o processo de sentir, e confia nele, você encontra nele a sua força e, no final, a sua invulnerabilidade. Se você verdadeiramente compreende esse medo, e que na verdade todas as suas emoções são simplesmente modificações da energia do Eu, então você chega ao limiar do destemor. Quando entende que o seu ser subjacente está livre e intocado por todas as formas da sua própria energia, você reconhece plenamente que na verdade nada há a temer. Quando ocorre essa mudança radical de interpretação, você habita realmente o domínio do destemor.

Naturalmente, isso não significa ser estúpido ou cometer suicídio político em suas escolhas diárias que envolvam risco. Mais cedo ou mais tarde, os líderes desenvolvem a sabedoria de distinguir quando é melhor arriscar e quando não, de ver em que circunstâncias é inteligente ou tolo. Essa inteligência circunstancial pode levá-lo a reconhecer que é preciso coragem para ver a realidade de qualquer situação exatamente como ela é, sem nenhuma ilusão ou desejo; ou para assumir total responsabilidade por si mesmo, não apresentando quaisquer desculpas nem atribuindo nenhuma culpa aos outros; ou quando você tem a oportunidade de falar a verdade para aqueles que têm poder sobre você. Essa sabedoria pode revelar que é prudente jogar de modo seguro quando você é novo numa situação e não sabe o suficiente sobre o que está acontecendo; ou depois de períodos de fracasso, risco prolongado ou expansão; ou quando você está operando num ambiente de pouca confiança.

Aqui há uma série de questões que ajudam as pessoas a identificar os seus riscos de forma suficientemente clara para saber quando ser cauteloso e quando ir em frente corajosamente. Pergunte a si mesmo: Onde me vejo correndo maior risco, sendo mais desafiado? Quais são as perdas e ganhos nessa situação? O que não estou disposto a arriscar porque o preço é muito alto? Que riscos estou disposto a correr, e o que me tornaria capaz de correr esses riscos? De que suporte preciso, e de quem, para correr esses riscos e agir de forma decisiva e eficaz?

O Despertar da Liderança   93

Como Peter Block nos lembra: "Se nossa meta principal é crescer na organização, então na maioria dos casos agiremos com cautela. Se, contudo, o nosso compromisso principal é contribuir, prestar serviço aos clientes, tratar bem as pessoas e manter a nossa integridade, então estamos destinados a uma rota de aventuras, incertezas e risco. De fato, os próprios obstáculos que tememos estão lá para nos ajudar a descobrir a nossa integridade. Só quando empurramos com força os outros, e eles resistem, sabemos realmente onde nos colocar."

Aceitação de si mesmo

Com freqüência é difícil distinguir entre o ouro da verdadeira confiança em si próprio, requerida para a coragem e a integridade, e o ouro de tolo do orgulho e da arrogância egotista. O papel de liderança pode ser uma armadilha sutil que mantém as pessoas aprisionadas na mentalidade egóica. É fácil abusar do poder e do *status* de liderança — não só para ganhos pessoais no sentido material, mas, mais sutilmente, para alavancar o poder de inflar o nosso senso do eu.

Se você tiver qualquer dúvida sobre o seu poder ou valor inerente, se estiver ligado a quaisquer crenças limitadoras sobre quem você é ou do que é capaz, se não reconhece que o seu potencial inteiro já está dentro de você, então a tendência é olhar para fora de si mesmo para buscar poder, reconhecimento, apreciação e o valor que você acha que não tem. Em nossa cultura intensamente competitiva, orientada para realizações e dedicação ao trabalho, a regra é — pelo menos para aqueles de nós sujeitos ao condicionamento machista tradicional — tentar medir e provar nosso senso do eu pela nossa posição e realização no trabalho. Por detrás das batalhas do ego no local de trabalho, existem inúmeras formas de manipulação para cultivar um sentimento de valor próprio e poder.

Toda dúvida subjacente sobre nós mesmos e nossa falta de confiança diminuem temporariamente quando nos alimentamos do poder da posição de líder. Como em qualquer vício, sentimo-nos bem desde que estejamos tomando a droga. Quando a droga é retirada, sentimos logo o desastre da retirada — um sinal seguro de que não estávamos realmente bem, mesmo com a droga. Nesse sentido, a liderança é uma droga temporária de grande poder de vício. É verdadeiramente corajoso não usar a liderança dessa forma.

Para o líder desperto e comprometido com o serviço, o desafio é chegar a uma noção autêntica de si mesmo, que transcenda a armadilha egóica. É possível servir ao bem-estar dos outros sem a intenção de engrandecer a si mesmo. O caminho mais direto é a aceitação incondicional de si mesmo.

A aceitação de si mesmo não deve ser confundida com o narcisismo egocêntrico que é endossado e encorajado na maioria da literatura popular de auto-ajuda. Desejo descrever um processo que transcende o ego, embora ele, paradoxalmente, libere o único potencial codificado dentro de cada um de nós para a realização e a contribuição no trabalho.

A aceitação de si mesmo demanda um amplexo simples, não judicioso de todo o seu ser. Você começa por aceitar a sua mente e todos os seus pensamentos, os seus sentimentos e todas as suas reações emocionais, e os seus comportamentos, ações e discurso exatamente como são, não como você gostaria que fossem. É uma permissão suave, amorosa de toda a sua experiência, independentemente das disposições, sentimentos e estados que você esteja atravessando. É uma aceitação do seu ser, seja qual for o seu comportamento.

Ver-se como você é exige que você abandone todos os julgamentos de si mesmo, favoráveis e desfavoráveis. Apenas deixe-se ser o que você é, com rugas e feridas, altos e baixos, alegrias e tristezas. Olhe-se no espelho e veja o que está lá. Aceite todo o fardo. O que você é, sem qualificativos, sem o bom e o mau, preferências e aversões? Esse como-você-é é o que Buda chamou de "tathata", aquilo que é anterior a qualquer julgamento.

Podemos apreciar melhor a nossa natureza sem condicionamentos, explorando a história bíblica do Jardim do Éden como um mito da consciência. Deus havia dado a Adão uma ordem: "Você não pode comer da árvore do conhecimento do bem e do mal, porque quando comer dela certamente morrerá". (Gênesis 2:17). Adão, e logo depois Eva, estavam livres para viver eternamente em inocência: "O homem e sua mulher estavam ambos nus, e não sentiam vergonha alguma". (Gênesis 2:25). A ordem era muito clara: não julgue, não se iluda com a distinção entre o bem e o mal. Isso não é assunto seu. Permaneça em inocente consciência. Essa consciência é a sua natureza original, que é eterna. Essa foi a promessa.

A qualidade da mente de julgar — comer a maçã — divide a perfeição inerente à criação em bem e mal, certo e errado. O mito descreve a origem do dualismo, a mentalidade que separa, que divide a unidade da existência em duas, separa o indivíduo do todo, racha o nosso ser original em sujeito e objeto, cria a distância entre a alma e Deus, entre o organismo e o ambiente.

A mentalidade dualista literalmente nos joga para fora do jardim da inocente consciência. Lança-nos para fora do Paraíso e no mundo do sofrimento — a dor do nascimento e do "cumprimento doloroso" do trabalho e da subsistência. Lança-nos para fora do eterno agora, para dentro do tempo, da velhice e da morte. É a queda para dentro da mente, do sofrimento da luta do ego para sobreviver fora do jardim da fonte da consciência.

Na colocação dualista da mente, os opostos se geram e se sustentam mutuamente. Uma vez que acredite no bem, você terá o mal, e vice-versa. O apreço ao que você considera positivo cria o negativo ao mesmo tempo. Uma vez que acredite em auto-estima elevada, você automaticamente cria a possibilidade de ter pouca auto-estima. A autocrítica e a arrogância se alimentam entre si. Ao estabelecer o padrão da perfeição, você já ficou aquém e está condenado a sofrer as intermináveis frustrações e desapontamentos do perfeccionismo inatingível. Buscando valorizar a si mesmo, você já nega a existência desse valor dentro de si.

O ponto é não fazer qualquer distinção que seja. A consciência unitiva vê a perfeição do todo. Não julgar a si mesmo é ver a sua própria perfeição. É ver a si mesmo, como disse Meister Eckhart, através dos olhos de Deus. Deus não cometeu um erro com você.

Esse é o paradoxo da auto-aceitação incondicional. Você se aceita completamente, mesmo os seus aspectos desagradáveis, dolorosos, violentos, feios, gananciosos. Foi isso que Jesus quis dizer sobre o perdão. Você tem de perdoar sempre e repetidamente cada tendência à medida que ela surge, porque esse perdão o liberta dela. David Whyte poeticamente observou que a plena aceitação da sua humanidade lhe permite ver como as suas partes se combinam num grande todo ecológico que é completo como está. Você começa a ver que mesmo as chamadas "falhas" — uma categoria criada pelo julgamento — são parte da sua perfeição natural.

Aceitar tudo abre o seu coração para um amor que é infinitamente maior que o narcisismo e o ódio de si mesmo, gerados pela mente dualista. Esse amor é todo acolhimento, todo perdão. É o amor divino que Jesus expressou perfeitamente e incorporou. É a compaixão piedosa com a qual o Eu se relaciona consigo mesmo. Esse amor *é* o caminho, e começa e termina com você.

Às vezes receamos que, se aceitarmos as nossas quedas e fraquezas, ficaremos sujeitos a elas. Na verdade, é justamente o contrário. Como diz o ditado: "Quando você resiste, persiste." Isto é, o que você condena ou julga severamente sobre si mesmo, continuará a se repetir. É mais fácil mudar uma atitude, sentimento, reação ou comportamento quando você está disposto a se aceitar por essa experiência. A aceitação, não a rejeição, é a base mais fértil e menos dolorosa para o crescimento e a mudança. Libera a energia para você se aperfeiçoar e se trabalhar.

A aceitação de si mesmo permite que o nosso compromisso natural com a excelência e a qualidade total sobressaia-se sem a tensão inerente ao impulso perfeccionista. Soluciona o *stress* da dedicação ao trabalho, de medir o nosso valor pelo desempenho no trabalho. Essa aceitação distingue o trabalhador de alto desempenho do perfeccionista. Ficamos livres para buscar o aperfeiçoamento contínuo, sabendo que qualquer coisa que realizarmos, seja com sucesso ou não, deixará de ser um julgamento sobre a nossa natureza. Em vez disso, posso assumir a posição de que faço o melhor que posso, e aceitar o que recebo. Isso exige coragem diante de exigências implacáveis de máximo desempenho.

Paradoxalmente, quando você se deixa ser, a resolução interior coloca em ação um poder misterioso, que produz melhores esforços. Reconhecendo a sua perfeição subjacente, você é estimulado e se sente mais capaz. Toda a energia que tinha ficado ligada à tensão do julgamento de si mesmo é liberada para inspirá-lo e motivá-lo. Em vez de uma meta que você busca, a auto-aceitação então se torna a companheira constante e o estímulo de sua jornada de realização na vida.

O poder dessa aceitação é enorme. Literalmente, ela cura o sofrimento. É especialmente na ocasião de nossas quedas — nossas dores, fraquezas, raiva, culpa, vergonha, tristeza, erros — que mais necessitamos da aceitação, e não da autocensura, da condenação ou da culpa que freqüentemente sentimos quando estamos desanimados. Na verdade, o lugar da dor dentro de nós é o que mais demanda amor e perdão. Quando você aceita a si próprio em meio à sua dor e fraqueza, você proporciona a cura necessária, o dom mais precioso de que dispõe para si mesmo.

A volumosa literatura sobre os estudos da mente-corpo e da psiconeuroimunologia testemunha o poder de cura do amor. O dr. Bernie Siegel — o sábio oncologista, cirurgião e professor da Universidade de Yale —, argumentou vivamente que a auto-aceitação dispara neurotransmissores que fortalecem o sistema imunológico. "Estou convencido de que o amor incondicional é o estimulante conhecido mais poderoso do sistema imunológico. Se eu dissesse aos pacientes que elevassem os seus níveis de imunoglobulinas ou de células T no sangue, nenhum deles saberia como fazer isso. Mas, se eu puder ensiná-los a amar a si mesmos e aos outros plenamente, as mesmas mudanças ocorrerão automaticamente. A verdade é: o amor cura."

Esse amor cura o nosso sentimento de incompletude. É revelador como as palavras: cura [heal], todo [whole], são [hale] e saúde [health] provêm

O Despertar da Liderança   97

todas do mesmo radical do inglês arcaico *hal*. Curar é despertar para a totalidade subjacente. Colocando-nos em contato com a nossa plenitude prévia, liberamos nossa crença limitadora de ser incompleto e a necessidade que dirige o nosso desejo. Os desejos e medos diminuem naturalmente para proporções mais fáceis de se lidar.

Ao entender a nossa satisfação própria, podemos dar livremente aos outros, sem a necessidade de manipular para ter uma compensação. Quando não estamos carentes, podemos tirar a nossa atenção do eu-meu-minha para nos concentrarmos no outro. O serviço tem muito mais sucesso quando não há nenhuma intenção pessoal de aquisição. Então estamos livres para servir a esses ideais e para liderar, com o coração, no melhor interesse do todo. Essa é a condição que cumpre o voto do bodhisattva. É a base para a pureza da liderança, requerida pela declaração ousada de Nisargadatta Maharaj: "Quando mais gente chegar a conhecer a sua real natureza, a sua influência, mesmo sutil, prevalecerá, e a atmosfera emocional do mundo se abrandará. Quando entre os líderes aparecerem alguns de coração e mente grandes e absolutamente livres da busca por si mesmo, o seu impacto será suficiente para tornar impossíveis a crueldade e os crimes da era atual." Sem o trabalho interior, isso pode parecer idealismo piegas.

Essa mudança o liberta da prisão da luta pela sobrevivência e libera a sua energia para prestar toda a sua contribuição ao trabalho e à vida. Toda a energia que ia para o pensamento que você tinha para lutar pela sobrevivência fica liberada para proporcionar mais vitalidade, alegria e entusiasmo para você viver o seu destino. Você é capaz de levar a vida de forma leve e agradável. Pode finalmente largar o padrão antigo de perfeccionismo de olhar em volta de si e dizer: "Não é assim que devia ser." Você entende que, quer goste ou não, pode escolher viver na posição de: *"É isso aí, a minha vida é assim."* Você começa a compreender o que significa estar aqui e agora, estar satisfeito e ter prazer na simplicidade do que é. Você não adia mais o seu direito de desfrutar a vida. Pode comemorar cada passo ao longo do caminho. Essa confiança otimista e disposição para comemorar é uma fonte crucial para a liderança inspiradora e o moral no local de trabalho.

A aceitação de si mesmo ocasiona uma mudança fundamental em nosso senso pessoal e lança a base da humildade essencial para a vida espiritual autêntica. Somos humildes quando abraçamos a nossa humanidade, defeitos e tudo o mais. A humildade nos liberta da arrogância e do impulso de nos engrandecermos. Ela nos libera da necessidade de sermos melhores que os outros, de aparecer à custa dos outros, de diminuir as pessoas para nos sentirmos melhores. Também não nos coloca abaixo dos outros, cur-

98   *A Sabedoria no Trabalho*

vando-nos e arrastando-nos. Essa falsa humildade é apenas mais uma postura egóica. A humildade é o fim da necessidade de fazer pose e de ter de provar o próprio valor.

Essa mudança de conceito sobre si mesmo é a chave para a liderança esclarecida. Ela o libera da necessidade de estar certo e no controle, de abusar do poder e da posição e de se nutrir da admiração. Permite que você se concentre nos outros, e não em si mesmo, que você dê autonomia aos outros, sem que a sua própria necessidade de poder interfira. Você é capaz de dar crédito às pessoas, permitir que elas sejam visíveis e que se destaquem, sem medo de ser ofuscado. Essa mudança permite que você sirva, como Robert Townsend, ex-presidente da Avis, descreveu: como um copeiro para a equipe.

A transparência é uma qualidade essencial do líder que dá autonomia — transparente em motivação e, em última análise, como um recipiente cristalino de luz.

Por fim, paradoxalmente, a aceitação de si mesmo se torna auto-transcendência. À medida que você aceita o fluxo da experiência mente-corpo como ela é, uma mudança sutil de identificação toma lugar. Em vez de se acreditar como o *conteúdo* de sua experiência, você compreende que é o *contexto* que permite que o fluxo de pensamentos, sentimentos e ações ocorra sem apego ou julgamento. Você é a simples percepção amorosa que observa a mente egóica e, assim, está além dela, intocado pela experiência. Todos os estados vêm e vão, mas você apenas é. Isso revela a sua verdadeira natureza de pura percepção do ser, que é realização e amor incondicional, que é abnegação. Isso é o retorno ao jardim da consciência inocente, que você descobre que sempre esteve ali, por detrás da mente, aguardando a sua aceitação. Nem lugar no tempo, nem estado da mente; é a sua própria natureza.

Nesse entendimento você pode finalmente compreender a injunção bíblica de amar ao próximo como a si mesmo. Isto é, você só pode amar o seu vizinho de forma autêntica se amar a si mesmo dessa maneira. A sua capacidade de aceitar a si mesmo libera a sua capacidade de amar os outros. Quando o seu coração se abre para você, ele se abre naturalmente para os outros, e as limitações dualistas que separam você dos outros se dissolvem. Você pode vivenciar a sua relação com todos os seres e permitir que a sua compaixão e amor inatos fluam sem esforço até eles.

O Despertar da Liderança   99

A Essência da Compaixão: Compartilhar o Dom do Amor

A compaixão é um aspecto fundamental da maioria das tradições espirituais. No paradoxo da prática espiritual, a compaixão é tanto um caminho para a nossa verdadeira natureza como uma expressão dela. O Dalai Lama, um exemplo autêntico da compaixão budista, observa que não pode haver sabedoria alguma sem compaixão. A introspecção unitiva dá nascimento à compaixão, que então tem de acompanhar a espada da sabedoria. Na tradição bíblica, Deus *é* amor, e a essência da cristandade que Jesus corporificou plenamente é a prática do amor.

A liderança é uma oportunidade extraordinária para expressar o nosso interesse pelos outros. Por anos, tenho perguntado a meus clientes se é possível expressar amor e compaixão no local de trabalho, e como isso seria se acontecesse. Com o crescente *stress*, trabalho árduo, desconfiança e baixo moral no trabalho hoje em dia, parece não somente apropriado, mas necessário tratar desse sofrimento.

James Autry, poeta e ex-presidente da Corporação Meredith, liricamente invoca a essência do papel do líder compassivo: "Ouça. Em todos os escritórios você ouve os fios do amor e da alegria, do medo e da culpa, os gritos de celebração e de reafirmação, e de algum modo você sabe que ligar esses fios é o que você supostamente tem de fazer para que o negócio tome conta de si mesmo."

No espaço do amor, o negócio pode de fato tomar conta de si mesmo. Como a gravidade, a força de atração que mantém juntos os corpos celestes, o amor é a força de coesão que junta as pessoas na organização consciente. Dada a atmosfera na maioria dos locais de trabalho, é uma posição arriscada, vulnerável, para os líderes, expressar o amor abertamente e encorajá-lo nos outros. Um dos mais poderosos exemplos é Herb Kelleher, presidente das Linhas Aéreas Southwest, que com destemor professa o seu amor pelos empregados das maneiras mais vistosas, e regularmente concede o prêmio "Heróis do Coração" por serviços relevantes ao cliente. A alegria e o amor deles é palpável nos seus vôos. Não é por acaso que essa companhia coerentemente encabeça a lista de excelência em serviço ao cliente entre as companhias aéreas americanas.

O amor do líder desperto se expressa na valorização de cada indivíduo, do seu singular potencial e contribuição. Como a base emocional para os esforços de capacitação e companheirismo, o amor significa acreditar nas pessoas e considerá-las capazes. Isso freqüentemente requer uma visão de raios X, para ver, por trás das reservas superficiais das pessoas sobre suas próprias limitações, uma promessa mais profunda. Lembro-me muito bem do meu professor, o sr. Lindgren. Em sua aula eu literalmente me sentia mais capaz e melhor a respeito de mim mesmo. No pátio eu podia correr mais depressa e era um atleta melhor quando ele era o nosso instrutor de futebol. Quando o sr. Lindgren nos olhava, ele não via apenas uma porção de garotos do sexto ano com suas lancheiras. Ele via líderes do futuro, políticos, profissionais, atletas. Ele acreditava em nós, e podíamos sentir isso. Os líderes capacitadores literalmente criam um campo de possibilidades em torno deles. Quando você entra nesse campo, é energizado e entra em contato com o seu potencial e o que lhe é possível. Acendem-se as suas mais profundas aspirações e clareiam-se os seus próprios sonhos inarticulados.

Esse amor também se expressa no compromisso dos líderes com o sucesso e o bem-estar do seu pessoal. Eles querem que o seu pessoal trabalhe bem e proporcionam as condições e os recursos para que isso aconteça. Para fazer isso, temos de já ter trabalhado a nossa própria ambição e redefinido o nosso interesse próprio, de forma que não estejamos competindo, ou que não nos sintamos ameaçados pelos fios energizados em torno de nós. Essa é a marca de um grande mestre: "Você fará até coisas maiores do que eu." Para o professor autêntico, há alegria em ver o seu aluno ou protegido ir além dele. O sucesso do aluno é o sucesso dele.

Em vez de ver isso como algum sacrifício passivo de nosso interesse próprio, eu o vejo como expandir o nosso interesse próprio para abraçar o sucesso e o bem-estar dos outros. O nosso sentido próprio se expande para incluir aquilo sobre o que assumimos total responsabilidade, e com o que estamos plenamente comprometidos. A nossa identidade pode se expandir para incluir um grupo de determinado sexo, um grupo racial, étnico ou religioso, as espécies, toda a natureza. Para os líderes comprometidos com o bem-estar do seu pessoal, a sua identidade se expande para abraçar o seu *staff*, a equipe maior ou a organização. Quando temos uma visão global e estamos comprometidos com o bem-estar do planeta, o nosso sentido próprio pode ser verdadeiramente planetário, abraçando toda a humanidade e a natureza. A expansão plena de nosso interesse próprio abrange o bem-estar do todo.

Para o líder maduro, o amor aparece no compromisso de desenvolver as pessoas por meio de orientação e ensinamento. Isso implica um envolvimento em tempo real, em contínuo relacionamento e comunicação, uma escolha de dar o nosso tempo e energia para os outros. Fico sempre impressionado com a atenção que os gerentes conscientes que eu oriento devotam às revisões de desempenho, com orientação um a um e *feedback* apropriado, construtivo e apreciativo, para os seus empregados. Isso é um investimento importante, que expressa autêntica dedicação ao pessoal.

A orientação e o ensinamento dão aos líderes um contexto para compartilhar a sabedoria de forma que ajude os outros. À medida que amadurecemos em liderança, podemos assumir o papel de anciãos. Numa sociedade que adora os jovens e o novo, que tem medo da morte e a nega, rejeita o envelhecimento e não se dispõe a ser incomodado pelos idosos, tendemos a desvalorizar a sabedoria da experiência. Abandonamos os nossos parentes mais velhos em casas de repouso, ou por negligência os condenamos a perambular de carro de Estado em Estado pelos acampamentos de férias. Com o aumento da população idosa em nossa sociedade, é hora de reconhecer a sabedoria da idade e de escutar os mais velhos. A liderança é um domínio no qual se transmite o legado da experiência e da sabedoria para a próxima geração.

Um dos mais extraordinários atos de compaixão por parte de uma liderança empresarial foi de Aaron Feuerstein, o proprietário da Malden Mills, produtora da popular lã Polartec, usada na confecção de roupas de inverno. Em dezembro de 1995, uma explosão e um incêndio causaram danos a 33 trabalhadores, destruíram três edifícios da fábrica e deixaram 1.400 empregados sem trabalho pelo que ameaçava se tornar uma período indefinido. Na noite do incêndio, Feuerstein apareceu e declarou: "Com a ajuda de Deus nós superaremos este desastre." Ele deu a cada empregado o seu pagamento, mais um abono de Natal de $275, bem como cupons para comprar alimentos na mercearia local. Três dias depois garantiu o salário de todos por mais trinta dias e pagou o seguro-saúde pelos três meses seguintes, declarando que dentro de noventa dias eles estariam trabalhando de novo. Um mês depois, Feuerstein anunciou que continuaria pagando aos empregados por mais um mês. Os reparos e os novos edifícios foram logo terminados, e a companhia voltou a operar como programado.

O compromisso de amor de Aaron Feuerstein com os seus empregados e a comunidade local não foi um caso único. Ao longo dos anos ele ajudou muitos empregados a comprar casas, pagar funerais e mandar os filhos para a faculdade. Quando questionado sobre os seus motivos, e por que ele simplesmente não recebeu o seguro e foi em frente, Feuerstein, um judeu que cita Hillel e Shakespeare, comentou: "Eu achei que reconstruir era a coisa certa a fazer e o que eu tinha de fazer. E então algumas pessoas acharam que fiz algo grandioso. Fiz uma coisa normal." Isso só é

102   *A Sabedoria no Trabalho*

normal para um homem de coração, que cuida do seu pessoal e da comunidade.

No trabalho, a compaixão pode se evidenciar de maneira simples. Penso nela como respeito real pela igualdade e dignidade inerentes aos nossos companheiros de trabalho, um compromisso de valorizar e celebrar a diversidade, de não ser ameaçado por diferenças, mas por recebê-las bem e incorporá-las na maneira como trabalhamos. É a disposição de compreender as pessoas, colocarmo-nos empaticamente no seu lugar, deixá-las ser o que são e acompanhar os seus altos e baixos. Expressamos a nossa compaixão ao escutar uns aos outros, mesmo que não concordemos; ao respeitosamente dizer a alguém a verdade que acreditamos que ele precisa ouvir; e ao dar *feedback* construtivo de forma cuidadosa e encorajadora, em vez de apenas criticar. A compaixão compreende que a apreciação e o *feedback* positivo são profundamente estimulantes e positivos para capacitar as pessoas. É a escolha de dar apoio a quem assume riscos e recompensar, quer haja sucesso ou não; de não querer estar certo o tempo todo, e de lidar de forma colaborativa com os inevitáveis enganos, erros e falhas que ocorrem diariamente. A compaixão é necessária quando líderes que tomaram a difícil decisão de diminuir o tamanho da empresa discutem pessoalmente as suas apreensões ou emoções com as pessoas afetadas e oferecem intervenções de apoio para todos na organização que atravessa uma mudança rápida.

A compaixão não é apenas a capacidade para nos colocarmos no lugar de outrem, e de sermos sensíveis à sua experiência. Não é apenas imaginar: "Lá vou eu, com a graça de Deus", ou, como os nativos americanos dizem: "Não julgue alguém até ter caminhado uma milha com seus sapatos." É sobretudo a boa disposição para sentir com os outros, do latim *com+patio*, significando literalmente sofrer ou suportar conjuntamente.

Ironicamente, depois que escolhe a vida espiritual, você vê até mais claramente que o mundo é cheio de sofrimento e cepticismo. A compaixão envolve a disposição de enfrentar diretamente o sofrimento dos outros e responder com o coração. O coração da compaixão é um vasto espaço de ternura dentro do qual podemos permitir que tudo exista. Geralmente nós nos acostumamos à dor, e assim não abrimos o coração terno ao sofrimento, o nosso ou o de outra pessoa. O nosso medo da vulnerabilidade nos detém. Se pudermos nos permitir ser vulneráveis sem a armadura normal, poderemos sentir a nós mesmos, sentir o mundo e abrir o coração de misericórdia para aqueles a nossa volta. Como a coragem, a compaixão só é vivida pela chama do sentimento.

Abrir o nosso âmago mais profundo de sentimento aos outros nos permite ver, na unidade da existência, a nossa verdadeira face em todos os seres. Madre Teresa disse que via "Cristo em seu disfarce mais angustiado" em cada leproso e alma sofredora que ela encontrava. Nessa visão unitiva, você sabe que cada pessoa é uma forma sua, que todos nós somos expressões individuais da mesma presença e origem, que a tudo impregna. Não somos apenas irmãos e irmãs, mas literalmente membros de um único corpo.

Quando vemos todos como o nosso próprio Eu mais amplo, a resposta natural e apropriada é a compaixão. Como o polegar espontaneamente, compassivamente ajuda os dedos, assim uma expressão consciente do Eu ajuda outrem. Não é um serviço forçado para o "outro", mas o próprio amor que você tem por si mesmo. A compaixão é o tom do sentimento de unidade, a relação intuitiva, emocional que o Eu tem consigo mesmo. "Ame o mundo como o seu próprio eu", escreveu Lao-Tsé, "então você poderá verdadeiramente apreciar todas as coisas."

O caminho da compaixão é uma trilha de amargor e doçura. Ram Dass captou a natureza paradoxal e misteriosa da compaixão em ação: "Ela aceita que tudo está acontecendo exatamente como devia, e trabalha com um compromisso de todo o coração para mudar. Estabelece metas, mas sabe que o processo é tudo o que existe. É alegre no meio do sofrimento, e esperançosa diante do acaso opressivo. É simples num mundo de complexidade e confusão. É feita para os outros, mas alimenta o eu. Protege, para ser forte. Pretende eliminar o sofrimento, sabendo que o sofrimento não tem limites. É ação surgindo do vazio."

Madre Teresa ecoou o mesmo mistério quando, enviando os seus missionários da caridade para trabalhar com os pobres e os doentes, lembrou a todos nós: "Nunca deixe nada lhe causar tanta pena a ponto de levá-lo a se esquecer da alegria do Cristo Ressuscitado." O voto dos bodhisattvas é viver no meio do sofrimento e fazer brilhar a sua luz mesmo assim, sabendo que na verdade a luz está sempre aqui, exatamente como o céu está sempre presente, mesmo quando inteiramente carregado de nuvens. A força de viver com o coração aberto e compartilhar a visão radiante de possibilidade com as pessoas é alimentada pelo entendimento de que na verdade não há nenhum dilema, a despeito de toda evidência em contrário. Como Rumi, o grande poeta sufi, conclamou: "Venha, venha, seja quem for, esta caravana não tem nenhum desespero." Embora você possa se afastar mil vezes, só precisa voltar a face na direção do amor mais uma vez para ser bem recebido em casa. Quando você se volta para o Sol, as sombras ficam atrás de você.

V

A MARCA DA LIDERANÇA CORAJOSA

As qualidades de liderança, descritas no Capítulo IV, são desenvolvidas no processo em tempo real de trabalhar sobre si mesmo, nas circunstâncias mundanas da vida diária de trabalho. É tentador pensar — ou esperar — que o despertar e a mestria sejam cultivados por alguma revelação indolor ou elevada, em vez de enfrentar os desafios não fascinantes do processo de gerenciamento do dia-a-dia — lidando com seu *staff* e seu chefe, com orçamentos, prazos, revisões de desempenho, empregados com problemas, departamentos conflitantes e mudança das necessidades dos clientes. Dizem que Deus está nos detalhes. A imagem clássica de iluminação no budismo é uma flor de lótus desabrochando nas águas barrentas da vida comum.

Quero contar a história de um gerente que transformou exigências severas numa oportunidade para desenvolver maior percepção própria, coragem, integridade e auto-aceitação como líder. Ela mostra claramente algumas das experiências difíceis, freqüentemente emocionantes, na jornada da mestria. A história me é especialmente significativa porque foi a minha primeira experiência profunda de orientar alguém mediante um processo de *feedback* de 360 graus — um processo que subseqüentemente usei em formatos diferentes para dar suporte ao crescimento de dúzias de líderes. Fiquei profundamente impressionado com o modo como esse poderoso processo proporcionou um método simples e eficaz de desenvolver o autoconhecimento no coração da liderança corajosa.

Um Novo Experimento

Encontrei Mark pela primeira vez em dezembro de 1995, na preparação para os *workshops* de *"Feedback* para o Alto Desempenho", que eu estava apresentando para a organização de pesquisa e desenvolvimento da sua empresa. Em meio à reorganização de larga escala e a um impulso acelerado para competir no mercado global em rápida expansão da eletrônica ótica e das telecomunicações, a empresa estava empenhada em criar uma cultura aberta, de alto desempenho, que pudesse usar plenamente o potencial criativo de todos os seus membros.

Eu estava tendo uma oportunidade singular de apoiar o crescimento de uma organização consciente, facilitando o fluxo de *feedback* inteligente entre os seus membros. A divisão de ciência e tecnologia era constituída de profissionais e peritos talentosos, freqüentemente brilhantes — pessoas com muito para contribuir umas com as outras, se pudessem aprender métodos e habilidades apropriados para se comunicar honestamente sobre questões de desempenho. A diretora de recursos humanos da divisão sentia que sessões sobre *feedback* construtivo e apreciativo desenvolveriam habilidades interpessoais essenciais para o livre intercambio de idéias entre os cientistas, técnicos, engenheiros e o pessoal de desenvolvimento envolvido. Ela programara para mim encontros individuais com gerentes de departamento, para instruí-los sobre os próximos seminários e discutir questões específicas de cada departamento.

Mark é um gerente e cientista brilhante, de fala macia e sincero. Na época, ele tinha quatro anos de experiência nas fileiras de gerenciamento da companhia. Viera de um dos grupos de negócios, havia menos de dois anos, para gerenciar um novo departamento de pesquisa e desenvolvimento constituído por meio da reengenharia.

Em nossa primeira reunião, Mark falou das dificuldades que enfrentava para criar um departamento unificado, originário de três grupos anteriormente separados de engenheiros, cientistas pesquisadores e especialistas de desenvolvimento de produto. Cada um desses grupos dava valor à sua autonomia, e eles não estavam gostando da fusão. Além de isso já ser desafio suficiente, Mark era um geoquímico gerenciando um grupo de engenheiros, químicos de pesquisa e técnicos — a maioria dos quais sabia mais sobre a especialização científica do departamento do que ele e duvidava que ele tivesse a perícia de gerenciar os seus projetos ou avaliar os detalhes de seu trabalho. Na verdade, Mark fora contratado com o acordo confidencial de que poderia ser substituído quando fosse encontrado um perito na especialização do departamento. Além disso, havia alguns conflitos interpessoais entre os membros do departamento que complicavam ainda mais uma situação já difícil.

A recente pesquisa do clima da empresa, um instrumento escrito citando os comentários anônimos de membros do departamento de Mark, tinha retornado com um bom número de reservas sobre a sua capacidade gerencial e habilidades interpessoais. Preocupado e surpreso com esse *feedback*, Mark reuniu-se comigo e com Sherry, o especialista em recursos humanos da divisão, um profissional compreensivo, experiente, com sólido conhecimento da situação departamental e dos atores envolvidos. Nós três planejamos uma estratégia para Mark compreender melhor as questões, com o objetivo de ele se aperfeiçoar como gerente e atender aos problemas subjacentes do departamento.

Ficou óbvio que tínhamos de ir mais fundo do que o anônimo *feedback* escrito. Juntos engendramos um ousado plano, que punha em ação imediata as diretrizes de *feedback* construtivo que tínhamos coberto em meus seminários. Não haveria mais representação de papéis em *workshops*. Seriam discussões face a face sobre questões reais, percepções e sentimentos. Era uma oportunidade prática para o departamento implementar a iniciativa corporativa, em direção a uma cultura mais aberta, envolvente, com base em diálogo franco e *feedback* honesto.

Cuidadosamente estabelecemos um sistema de duas vias. Na primeira, Mark obteria *feedback* direto de dez membros que selecionasse do seu departamento. Essas pessoas se encontrariam uma a uma com ele em particular, em sessões confidenciais que eu facilitaria. Mark selecionou indivíduos que ele sentia que seriam sinceros. Algumas dessas pessoas eram os seus principais críticos, pessoas francas que tinham sérias reservas sobre o seu desempenho como gerente. Haviam tido com ele. Alguns alegavam que não podiam trabalhar com ele. Não eram discussões calorosas pessoas fáceis de se lidar.

Arranjamos para que cada um dos dez membros do departamento tivesse primeiro uma sessão de preparação com Sherry e eu. Ali traçaríamos regras básicas para a sessão de *feedback* e discutiríamos as questões específicas que tinham com Mark e o departamento. Queríamos que estivessem plenamente preparados para dar *feedback* direto, sem subterfúgios, dentro das diretrizes estabelecidas no seminário. Também fomos cuidadosos em lhes assegurar que não haveria qualquer retaliação pessoal — que Mark estava empenhado em escutar o que eles tinham a dizer, e que não faria nada contra eles.

A Marca da Liderança Corajosa

Embora o enfoque inicial fosse sobre o desempenho de Mark como gerente, queríamos evitar uma mentalidade de "peguem o Mark". Expandimos o *feedback* para incluir a responsabilidade coletiva de cada indivíduo e do departamento em relação aos problemas discutidos. Mark era apenas um ator num padrão complexo de questões, com raízes em muitas causas. Embora Mark estivesse disposto a fazer a sua parte, ele queria que cada pessoa assumisse inteira responsabilidade pelo seu *feedback* e pelo seu papel em quaisquer das questões do departamento. É fácil num instrumento anônimo escrito, como a pesquisa de clima, dar *feedback* impensado ou fazer uma crítica irresponsável. Nas sessões individuais, esperava-se que as pessoas assumissem a autoria dos seus pontos de vista, apoiando-os com a citação de comportamentos, eventos e impactos específicos, e apresentassem sugestões positivas de mudança — não apenas para Mark, mas também para si mesmos e para o departamento.

Paralelamente, planejamos que eu me encontraria com Mark numa série de sessões individuais de orientação, que se concentrariam em seu desenvolvimento pessoal e profissional, para ajudá-lo a digerir o *feedback* que estava obtendo. Estabelecemos um relacionamento simples e uma compreensão mútua em que circunstâncias como essas são vívidas oportunidades para maior crescimento interior e percepção própria. Mark estava ansioso para explorar as raízes pessoais das suas questões gerenciais, e estava empenhado num processo intensivo de transformação como indivíduo e gerente.

Programamos também uma sessão final de conclusão com os dez participantes, para depois das sessões de *feedback*. Isso seria uma reunião de comemoração informal e um jantar, em que Mark resumiria o *feedback* que recebera, discutiria o seu compromisso pessoal de mudar e exporia os passos de ação propostos para o departamento.

Rumo às Corredeiras

Esse "novo experimento", como Mark o chamou, tornou-se um notável ato de coragem em meio a uma cultura empresarial muito polida, em que a maioria dos gerentes não consideraria abrir-se a tal ponto com o seu *staff* ou os seus pares. Eles já eram bastante relutantes em apenas participar do mandato empresarial requerido, para que obtivessem *feedback* escrito indireto, anônimo, que podiam ler e considerar reservadamente. Uns poucos poderiam ir para o Centro para a Liderança Criativa ou algum outro programa intensivo de desenvolvimento de liderança, onde receberiam *feedback* confrontador de facilitadores treinados. Mas encontrar-se individualmente com as pessoas que você gerencia diariamente, escutar o *feedback* sobre o seu próprio desempenho como gerente e realmente dialogar sobre as questões até haver uma compreensão e um propósito de ação — isso é liderança corajosa.

Obviamente, para Mark era uma escolha de crescimento e autoproteção, dirigida pelo seu próprio entendimento de que ele tinha de segurar o touro pelos chifres e de forma proativa desenvolver as suas habilidades gerenciais e interpessoais. Além disso, o seu chefe acabara de lhe dar a sua revisão anual de desempenho. Ele dizia que faltava a Mark segurança, e que ele não estava pressionando suficientemente o seu pessoal. Embora Mark tivesse todo o apoio de seu chefe, estava também claro que era melhor para ele agarrar agora essa oportunidade de trabalhar tanto sobre si mesmo como sobre o departamento.

Fiquei impressionado com a determinação de Mark de caminhar diretamente para dentro do fogo. Como consultor, definitivamente aprecio a oportunidade de trabalhar com alguém tão empenhado em mudar, e de ter esse grau de permissão de promover tanto as dimensões de transformação pessoais como organizacionais. Eu o vi modelando o espírito aberto, assumindo riscos e o compromisso de contínuo aprendizado, que é a base essencial da mestria e da liderança pessoal.

Em uma de nossas primeiras sessões pessoais de orientação, Mark me falou sobre seu amor pelas corredeiras — que ele tinha enfrentado muitas vezes de barco no Grand Canyon. Ele observou que esse programa de *feedback* era como se estivesse entrando em corredeiras. Você se prepara para isso como puder. Uma vez entrando no barco e se afastando, ele sabia por experiência própria, não há como voltar atrás. As mesmas habilidades que o levam através das corredeiras, levam-no através de turbulências interpessoais e organizacionais: manter-se alerta, esperar pelo inesperado, a disposição de levar uma pancada, a habilidade de reagir rapidamente a um novo *input*, sentir as profundezas e as rochas ocultas, a agilidade para balancear o peso, equilíbrio e confiança em sua capacidade de operar. Mesmo assim, por melhor que se tenha preparado, uma vez em meio à correnteza, você tem de aceitar o que vier e confiar. Eu podia sentir tudo aquilo, até a mistura desagradável de apreensão, incerteza e resolução tranqüila que Mark estava sentindo quando nos preparávamos para enfrentar a fera de peito aberto.

A Marca da Liderança Corajosa   109

O Trabalho Interior

À medida que ficávamos prontos para as reuniões de *feedback*, Mark e eu começamos, semanalmente, a fazer sessões individuais de orientação. Eu lhe apresentei os princípios e as diretrizes fundamentais para desenvolver uma compreensão maior de si mesmo. Inicialmente, concentramo-nos em explorar a sua insegurança: descrevendo os comportamentos, examinando as profundas suposições subjacentes ao seu comportamento, os desfechos que motivavam essas suposições e o custo da sua insegurança para ele e para os outros. À medida que desenvolvíamos a sua autopercepção, ficou claro que padrões de toda uma vida de crenças e de auto-imagem estavam bloqueando a sua eficácia como gerente — tanto na maneira como ele se relacionava com o seu *staff*, quanto com o seu chefe. A certa altura em nosso crescimento, entendemos que o desenvolvimento profissional requer uma transformação interior de suposições básicas operacionais e de imagem própria: Mark havia chegado a esse ponto.

Viu que a situação exigia que ele ampliasse seu enfoque original de cientista e homem de negócios para uma visão mais ampla de si mesmo como um gerente orientado para as pessoas. Essa nova visão tanto incluía e transcendia a sua antiga orientação como requeria que cultivasse um novo conjunto de qualidades e comportamentos interpessoais. Concentramo-nos em desenvolver a visão e as metas para uma nova maneira de ser como gerente. Ele começou a praticar uma tecnologia interior de transformação, seguindo as diretrizes detalhadas no Capítulo VI.

Mark demonstrou um entusiasmo ardente para alcançar uma introspecção maior. Ele é basicamente introspectivo, e tem uma longa prática de registrar as suas reflexões em manuscritos encadernados com capa de couro. Fiquei satisfeito com o fato de que já estivesse familiarizado com a orientação interna necessária para trabalhar sobre si mesmo de forma eficaz. A preparação de Mark e a sua calma determinação de ir em frente com o que tinha de fazer eram especialmente importantes, pois as sessões de *feedback* estavam para lhe abrir os olhos para a magnitude das mudanças exigidas.

Feedback, o Alimento dos Campeões

Sherry e eu nos encontramos individualmente com cada participante para prepará-los para o processo de *feedback*. Depois de discutirmos o propósito e o formato das sessões seguintes, compartilhamos com cada participante uma lista de questões nas quais Mark considerava que precisava melhorar, baseadas na pesquisa de clima e em *feedbacks* informais que tinha escutado durante aquele período. Ele estava preocupado com a sua comunicação com o departamento: Era demais, era muito pouco? Eles se sentiam no escuro? O seu estilo era muito rígido? Não era suficientemente positivo? Ele tinha começado a suspeitar que eles não se sentiam valorizados nem adequadamente reconhecidos por ele. Outra preocupação maior de Mark era que não estivesse proporcionando uma estrutura estratégica adequada para o departamento. Eles tinham uma noção segura de onde estavam indo e de como tudo se encaixava no conjunto?

As sessões de preparação eram extremamente importantes para todos nós, para ficarmos prontos para o *feedback*, especialmente por ter ficado óbvio que havia uma forte insatisfação com Mark como gerente. Fiquei surpreso com a força da carga emocional que alguns dos membros do departamento tinham com relação a ele. A maioria respondia a maior parte das questões de gerenciamento de Mark de forma negativa. Para alguns, era uma afronta não ser ouvido, sentir-se subestimado, ter o seu conselho ignorado e sumariamente descartado. A ladainha de queixas surgiu: Mark valorizava mais os Ph.Ds., favorecia os cientistas mais que os engenheiros, não escutava bem nem pedia opiniões, não expressava apreciação, apenas microgerenciava, parecia não confiar nas pessoas para tomar decisões, não explicava as suas decisões.

Também ficava claro que as pessoas estavam dispostas a censurar Mark por questões que não lhe diziam respeito. É típico dos empregados culpar o gerenciamento em vez de assumir responsabilidade pessoal pelo seu papel em sua própria área, pela sua passividade em melhorar a situação ou pelas suas manipulações e preocupações de interesse próprio. Alguns dos participantes realmente reconheciam que Mark herdara um "departamento praticamente ingerenciável", como um deles mencionou, que estava envolvido numa complicada rede de conflitos interpessoais e políticas de poder. Eles expressaram uma maior apreciação da situação de Mark e de sua capacidade para tratar do assunto. Outros foram muito positivos e não tinham nenhum problema em seu relacionamento com Mark.

Todos os participantes demonstraram alguma apreensão sobre participar do *feedback* direto com o gerente. Mas, à medida que passávamos pela sessões de preparo, observamos algum relaxamento da tensão quando viram que teriam uma oportunidade de ser ouvidos num cenário seguro. Somente um indivíduo, que já tinha deixado o departamento, optou por ficar fora do processo. Os demais pareciam prontos, quando não ansiosos, para o confronto com o chefe.

As sessões de *feedback* direto de Mark com cada um dos participantes fluíram normalmente durante um período condensado de duas semanas. Com os participantes preparados, e com Mark instruído sobre as questões, eles tiveram reuniões extremamente cordiais, em que confrontaram diretamente as realidades de forma produtiva. Nós estruturamos a conversação como uma oportunidade de diálogo, não apenas sobre o papel de Mark, mas sobre como todos poderiam assumir maior responsabilidade para melhorar o departamento. Vimos isso como uma oportunidade de as pessoas praticarem as habilidades requeridas para o novo ambiente operacional da empresa, que encorajava maior abertura e compromisso entre as pessoas. O diálogo foi estruturado como comentário e resposta, numa lista de questões levantadas nas sessões de preparação. Cada pessoa tinha a oportunidade de dar o seu *feedback*, responder ao outro, esclarecer desentendimentos e fazer pedidos de ações e apoios futuros.

Quando as pessoas estão adequadamente preparadas para ficar face a face como seres humanos interessados, estão mais dispostas a se responsabilizar pelo que dizem e mais compreensivas entre si. Embora tenha havido comentários duros, havia um maior sentimento de apreciação e até de compaixão entre todos. A comunicação direta de pessoa para pessoa abre um espaço que permite que a verdade surja e cria um elo entre os indivíduos, que não estaria presente apenas com um procedimento escrito. Fiquei impressionado com a honestidade e a coragem de todos que atravessaram o processo.

Como Absorver o Golpe

Depois das duas primeiras sessões de diálogo, Mark estava indo bem. Estava enfrentando o desafio e respondendo bem ao *feedback*. Durante as sessões seguintes, à medida que o *feedback* mais difícil aparecia, a violência do ataque começou a afetá-lo. Numa sessão de orientação, Mark confidenciou: "É muito pior do que eu pensava." Ficou claro que estava então entendendo plenamente a maneira como as pessoas o viam. Não era um reconhecimento fácil. Teve algumas noites agitadas, e muito em que pensar. Chamo a isso de "lavar a roupa suja", quando temos de enfrentar penosamente as nossas tendências difíceis e ineficazes e ver com clareza os efeitos disso em nossa vida.

Nas sessões de orientação, em meio ao processo de *feedback*, fiquei impressionado ao ver como Mark absorvia bem o *input* e mantinha a sua determinação de prosseguir. Na verdade, quanto mais confrontador o *feedback*, tanto mais ele parecia disposto a usá-lo como um composto para o seu autoconhecimento e crescimento profissional e pessoal.

Mark havia atingido um ponto crucial na urgência de maior autopercepção. É preciso coragem e empenho para examinar a si mesmo sem vacilar, assim como integridade e responsabilidade autênticas, para aceitar o *feedback* sem cair para o lado da censura e "atirar no mensageiro". É preciso também uma auto-aceitação estável para receber essa ladainha de queixas sobre si mesmo sem se afogar em culpa e autocensura. Mark não só se manteve firme no jogo, mas ainda de forma proativa começou a traçar novas mudanças para si mesmo e para o departamento.

Assumiu o compromisso firme de se tornar "um gerente de todo o pessoal". Essa foi uma mudança fundamental na auto-imagem de Mark como líder. Estava se afastando ainda mais do enfoque egoísta do "eu", para uma consideração mais ampla das preocupações e do bem-estar dos outros. Discutimos como esse era um passo significativo na transição de cientista para gerente e como teria profundas implicações para a sua carreira e para a sua vida pessoal.

Na prática, isso significava tornar-se interpessoalmente mais hábil e sensível com os outros, disposto a avaliar e apoiar o seu pessoal com equilíbrio, e a atuar mais como um orientador concentrado no bem-estar, desenvolvimento e autonomia deles. Enfatizamos as técnicas interiores necessárias para iniciar essa mudança e começamos a trabalhar mais intensamente em afirmar, visualizar e dirigir a sua energia na direção escolhida por ele. Ele precisava encontrar o equilíbrio sutil entre auto-afirmação e sensibilidade, para aumentar a sua força, e, mesmo assim, estar presente para servir, apoiar e dar força ao seu pessoal.

Foi um crédito para Mark ter também começado a considerar, enquanto se encontrava no ponto mais doloroso do processo de *feedback*, como usar essa informação para uma mudança positiva no departamento. Discutimos como devíamos monitorar o processo depois de terminar as entrevistas e ter certeza de que continuaria a funcionar. Ele quis encorajar todos a continuar lhe dando *feedback* direto. Mark começou também a organizar todo o *feedback* que estava recebendo num amplo esquema de tópicos, de onde podia traçar planos específicos de ação.

Depois desse ponto decisivo, Mark começou a demonstrar mais energia, introspecção e confiança. Na verdade, começou a implementar mudanças de imediato. Suspendeu a prática de ter duas reuniões separadas do departamento — uma para relatórios diretos, a outra para o resto do departamento. Para encorajar a unidade e mostrar que valorizava a todos igualmente, instituiu uma única reunião integrada.

Depois de mais três sessões de *feedback*, Mark demonstrava grande vitalidade e compromisso. Com um brilho nos olhos, começou a falar sobre receber *feedback* também de todos os seus colegas de gerenciamento. Eu ri ao lhe perguntar se já não tinha recebido *feedback* suficiente. Ele estava claramente avançando agora para a mentalidade de alto desempenho, buscando *feedback*, sendo literalmente fortalecido por ele. Tinha lidado com o medo e o transtorno, e estava usando tudo como um rico fertilizante para a próxima colheita. Gostei de ver aquele processo em andamento. Boa parte do *feedback* tinha sido bastante dura, e ali estava ele buscando mais. Ele era definitivamente um homem cumprindo a sua missão.

A sessão de Mark com Bob foi especialmente importante. Bob era um engenheiro muito respeitado, um profissional idoso que estava na companhia havia 29 anos, e provavelmente poderia ter sido escolhido para o cargo de gerente de departamento se quisesse. Bob era o líder de um projeto de desenvolvimento bastante visível, de missão crítica, e era importante para o sucesso de todo o departamento. Ele não queria que o seu grupo de engenharia ficasse sob o gerenciamento de um especialista em pesquisa como Mark. Tivera muita dificuldade com a tentativa de Mark de gerenciá-lo, sentindo que Mark não confiava nele e não lhe daria apoio para comandar o seu próprio barco.

Na sessão reservada dos dois, tiveram uma conversa muito franca. Bob esteve à altura do seu *feedback*, e deu a Mark valiosas sugestões sobre liderança motivacional e crescimento da equipe. Nós investigamos a sua disposição de dar apoio a Mark como orientador durante os dois anos restantes antes da sua aposentadoria. Falamos sobre deixar de lado as velhas atitudes, especialmente do seu sentimento de que Mark não tinha confiança nele nem o valorizava. Embora admitisse que poderia não ser fácil, estava disposto a tentar.

A sessão com Bob, e algumas outras com pessoas-chave, foram claras conquistas sobre relacionamentos problemáticos e questões no departamento. Parecia que as nuvens estavam se dissipando, para revelar um pedaço de céu azul, e que todos poderiam respirar um pouco mais facilmente e começar a trabalhar juntos, com mais harmonia e compreensão.

O Início da Transformação

Quando terminamos as sessões de *feedback*, Mark transferiu as ações e os pedidos que tínhamos coletado para fichas, e arranjou tudo num cartaz. Na nossa frente, cobrindo a metade da parede do seu escritório, surgiu um plano abrangente para a transformação pessoal e departamental. Ele dividiu os resultados em mudanças propostas para si mesmo individualmente e para o departamento como um todo.

Mark apontou uma série de comportamentos e atitudes interpessoais que ele, individualmente, se comprometia a desenvolver:

- Consulte antes de decidir;
- Escute, dê *feedback* claro, valorize o entendimento, explique as decisões;
- Avalie e aprecie antes da análise de aplicação do negócio;
- Construa relações, seja visível e disponível para as pessoas, visite laboratórios e diferentes locais de trabalho mais freqüentemente.

Para construir relacionamentos e expandir o seu papel de orientador, Mark planejou um abrangente programa de reuniões particulares, durante o curso do ano, com todos do departamento. Ele queria estabelecer um relacionamento pessoal e uma comunicação aberta com cada indivíduo, conhecer cada um deles, dar orientação sobre o seu crescimento pessoal e desenvolvimento de carreira e estabelecer um contrato claro entre ele e o seu pessoal sobre como poderiam trabalhar juntos com responsabilidade mútua, para promover uma mudança positiva no departamento.

Para o departamento como um todo, Mark estava empenhado em:

- Liderar e articular uma visão estratégica, com o consenso do grupo;
- Apoiar seu *staff* e intervir por ele na companhia;
- Aprender mais sobre a especialização científica do departamento;
- Planejar e conduzir a expansão da contratação no departamento;
- Manter reuniões mensais completas com intenção participativa;
- Ter sessões de construção de equipe para unificar o departamento;
- Avaliar todo o pessoal e mostrar reconhecimento em todos os níveis.

Mark convidou então todos os participantes do *feedback* para uma reunião final e um jantar, em que ele apresentaria os resultados do processo. No seu memorando anunciando a reunião, ele observou:

A Marca da Liderança Corajosa 115

As sessões de *feedback* que tivemos juntos foram para mim uma experiência forte, às vezes difícil, mas muito recompensadora. Estou usando essa experiência como base para a mudança de muitos dos meus próprios comportamentos e práticas, como também para mudanças que pedirei ao departamento.

Mark demonstrou grande energia e entusiasmo ao se preparar para a reunião final com o pessoal do *feedback*. Tendo atravessado o fogo, sentia-se agora encorajado a apresentar-se a eles de forma positiva, com idéias claras sobre como estava mudando e de como o departamento precisava assumir a responsabilidade de mudar também. Todos seriam convocados para apresentar melhor desempenho e para trabalhar em equipe.

A reunião foi de primeira classe, do princípio ao fim. Aconteceu num salão reservado de refeições, na elegante nova sede da companhia; foi tanto uma recompensa como uma comemoração pelo período intenso que todos tinham atravessado. O encontro tinha caráter informal, íntimo para todos. Mark estava aberto e bem-apessoado; ao descrever a necessidade de mudança, resumiu o *feedback* que recebeu de todos e anunciou os passos de ação e compromissos que daria pessoalmente. Pediu apoio e compromisso aos participantes e convidou-os a ser uma vanguarda de apoio para levar todo o departamento a uma maior unidade e trabalho em grupo.

Foi uma sessão animada, aberta, com todos os participantes, menos um, engajados e aprovadores. Encerramos o jantar com uma visualização do grupo do departamento funcionando com ótima confiança, franqueza e unidade, o que produziu alguns comentários inspirados. Mark também providenciou presentes de bom gosto para os participantes. As pessoas ficaram comovidas com todo o processo e satisfeitas por seu *feedback* ter sido ouvido e por estarem todos se movendo em direção à implementação.

Duas semanas depois, Mark apresentou os resultados da sua experiência do *feedback* para todo o departamento — que vinha ouvindo informalmente sobre o processo através de rumores. A reunião começou lenta e formal, talvez porque alguns daqueles não envolvidos no processo original de *feedback* estivessem com medo de também ter de se submeter ao *feedback*. O pessoal se animou e relaxou à medida que a sessão se desdobrou, e entendeu a profundidade do compromisso de Mark de mudar, e a sua visão positiva de um enfoque de equipe de moral mais alto, unificada. Ele lhes mostrou que já era tempo de deixar o passado para trás. Convidou-os a deixar de lado o cepticismo, a assumir o compromisso de apoiar a mudança e de se tornar proativos na criação do novo departamento. Houve uma discussão sincera, inteligente, com preocupações realistas expressas, mas nenhuma oposição real. As pessoas ficaram aliviadas porque o véu de apatia e desconfiança estava caindo, e estávamos nos movendo em direção a soluções positivas. Nesse espírito, todo o departamento se envolveu no planejamento de um retiro de dois dias sobre construção de equipe, conduzido por mim no mês seguinte.

Na semana seguinte, Mark levou todo o pessoal a uma excursão de barco de um dia inteiro, descendo o canal Erie, com almoço, refrescos e presentes. Foi um dia agradável, de repouso, passado junto — com um breve processo de premiação em meio ao passeio, para homenagear algumas pessoas pela sua contribuição ao departamento. Era bom ver a ligação social ocorrendo entre os grupos díspares do departamento, e foi útil para mim conhecê-los melhor, para preparar o retiro programado.

Com uma Pequena Ajuda dos Meus Amigos

Justamente quando estávamos completando o processo de *feedback* verbal, a companhia anunciou que todos os gerentes deviam participar de um *feedback* escrito, extensivo, de 360 graus, para avaliar e promover o comportamento de liderança positiva. Fiquei impressionado com a motivação de Mark para obter *feedback* de seus pares, como também de outros membros do departamento, que não tinham participado do primeiro *round*. Quando sugeri que ele já tinha *input* suficiente, ele disse que não, esperava obter um tipo diferente de informação sobre tópicos diferentes. E não foi só isso: sugeriu que, se as respostas escritas de seus pares não fossem suficientemente claras, talvez pudesse conversar com eles e buscar os esclarecimentos verbalmente. Mark estava agora literalmente se desenvolvendo em *feedback*, entusiasmado para envolver os colegas gerentes no apoio ao seu crescimento e aprendizado.

Ele se sentia fortalecido como membro da equipe de liderança da divisão, formada por gerentes de tecnologia e de negócios. Vinha compartilhando a sua experiência de *feedback* com alguns dos outros gerentes, muitos dos quais se admiravam por ele realmente providenciar tudo voluntariamente. Ironicamente, agora que estavam todos envolvidos no processo escrito de 360 graus, Mark estava satisfeito de já ter feito o trabalho duro de *feedback* face a face. Ele e o seu departamento estavam adiantados em promover *feedback* autêntico e começar a implementar o novo ambiente operacional da organização.

A Marca da Liderança Corajosa   117

Começamos a receber algumas indicações iniciais dos efeitos positivos do processo pela forma como o pessoal do departamento via Mark. Coincidentemente, a pesquisa de clima seguinte para o departamento foi feita logo depois de o processo de *feedback* ter sido completado. Mark se classificou muito bem em suas habilidades interpessoais, com avaliações favoráveis pelas suas qualidades de franqueza, engajamento, orientação e escuta. O departamento demonstrou uma grande satisfação geral com Mark. Era fascinante como a consciência do grupo estava mudando, em resposta à franqueza e às boas intenções das pessoas envolvidas. O próprio processo de se comunicar com honestidade trouxe uma mudança de percepção.

O Mergulho Profundo na Consciência

Um dia, quando estávamos terminando uma sessão de orientação pessoal, Mark mencionou que tinha acabado de reler *The Dharma Bums* de Kerouac. Foi uma agradável abertura para levarmos a nossa conversação a dimensões mais profundas da experiência que ele e o departamento estavam atravessando. Conversamos sobre zen, sobre ser plenamente perceptivo no presente, e sobre quão poderosa essa prática é em nossa vida e trabalho. Mark tinha praticado meditação, e se referia a momentos em corredeiras e alpinismo como experiências de percepção expandida e unidade com a natureza. Fiquei entusiasmado ao descobrir essa profunda ligação com Mark, e ao encontrar uma maneira de relacionar meu longo envolvimento com a meditação e a Filosofia Perene com o trabalho específico que estávamos fazendo. Meu trabalho estava ficando cada vez mais devotado a apoiar as pessoas no mundo empresarial, para se tornarem mais conscientes e moldarem o seu trabalho e as suas organizações a partir dessa percepção.

Em reuniões subseqüentes, pudemos fazer pequenos intervalos para meditação. Falamos sobre percepção pura, na qual o sentimento de separação se dissolve no fluxo e há uma experiência espontânea de unidade de equipe, da mente de todos interagindo em perfeita harmonia. Exploramos a imagem da onda e do oceano, e como não há separação real entre a mente individual e o terreno da consciência, que é a nossa fonte e essência comum. Discutimos as implicações práticas dessa percepção unitiva no livro *Sacred Hoops*, de Phil Jackson, uma descrição fascinante de como Jackson, orientador do Chicago Bulls, gradualmente introduziu meditação, compaixão e consciência da unidade no treinamento da equipe, o que ajudou o Bulls em 1996 a se tornar um dos maiores times da história do basquete.

118   *A Sabedoria no Trabalho*

Começamos a ver as ligações subjacentes entre Mark, ficando mais consciente como líder, o departamento, se tornando mais consciente como equipe, e toda a empresa, se tornando uma organização mais perceptiva, compromissada com a abertura da comunicação. Aplicamos uma introspecção do enfoque de sistemas totais: à medida que sistemas auto-organizados evoluem para uma maior complexidade, uma consciência reflexiva própria expandida emerge para organizar o seu mais profundo funcionamento e capacidade para se adaptar. No departamento, essa consciência circula melhor através da comunicação franca, honesta. O *feedback* é literalmente a inteligência do organismo, que corrige a si mesmo, a maneira como a totalidade informa suas partes individuais da necessidade de adaptação. Mediante a utilização do reservatório de conhecimento, criatividade e experiência de todos os membros, esse *feedback* dá suporte a uma maior consciência e um melhor desempenho individual e organizacionais.

Fiquei impressionado com o paralelo entre o trabalho interior que Mark estava fazendo sobre si mesmo e o trabalho científico do seu departamento. Uma missão-chave de sua pesquisa era apoiar o desenvolvimento dos materiais mais puros possíveis para a fibra ótica usada para cabear o planeta para a Internet. A companhia fabrica produtos de telecomunicação para a transmissão de informações mais eficazes em pulsações de luz através de fibras de vidro de alta pureza. Estão, na verdade, desenvolvendo um meio que pode transmitir consciência via luz ao redor do mundo. Mark estava desenvolvendo dentro de si, o mesmo processo transformativo em microcosmo. Ao trabalhar sobre si mesmo, estava também engajado em tornar-se o material mais puro possível para transmitir consciência. Ao pedir e receber o *feedback* do departamento, ele purificou a fibra da coragem e transformou a informação deles na luz do conhecimento de si mesmo.

Um Ano Depois

Durante o ano seguinte, Mark honrou o seu compromisso de trabalhar sobre si mesmo e melhorar as suas relações no departamento como um todo, e com cada membro individualmente. Embora víssemos melhoria genuína nessas áreas, e uma redução do conflito interpessoal e do cepticismo entre os membros do departamento, a integração do departamento e a sua direção estratégica foram menos bem-sucedidas. O retiro de dois dias sobre construção de equipe aumentou a compreensão entre os três grupos funcionalmente separados, embora nenhum aumento de conversação pudesse integrar eficazmente a divisão de trabalho de tempo real deles e vários interesses. Mark tentou dar ao seu departamento maior participação em direção estratégica. Um grupo de planejamento estratégico, formado no retiro, se reuniu certo número de vezes e começou a desenvolver uma estratégia preliminar. Mas não proporcionou a direção coerente que o departamento requeria. Enquanto isso, a companhia contratou um perito em especialização científica do departamento para substituir Mark como gerente e dar maior direção estratégica ao grupo.

Mark aceitou uma nova atribuição em uma operação estratégica com que a companhia está contando para competir com sucesso no mercado de rápida expansão de produtos para telecomunicação global. A percepção própria, o crescimento pessoal e as habilidades interpessoais que Mark tinha desenvolvido durante o ano anterior já lhe tinham servido bem na sua nova posição, e continuarão a lhe ser úteis em quaisquer papéis de liderança que ele possa assumir no futuro.

Os empregos vêm e vão. Os departamentos surgem e se extinguem. As estratégias mudam constantemente. Os negócios têm sucesso e fracassam. Qualquer que tenha sido o resultado, o maior beneficiado foi Mark. Quando ele revisou a experiência de *feedback* um ano mais tarde, fez as seguintes reflexões:

- Estou mais à vontade e confiante com os indivíduos que fizeram o *feedback* comigo;

- Estou mais à vontade com o departamento como um todo (mais franqueza e respeito em reuniões de grupo, todos nós "desempenhando melhor os nossos papéis");

- Estou bem mais disposto a deixar as pessoas assumirem responsabilidade;

- Sinto-me adequadamente preparado para o meu novo papel;

- O departamento pode seguir em frente com mais facilidade, embora ainda haja muito por fazer: estratégia, comunicação técnica, etc.;

- Uma das coisas mais fortes foi o meu papel como orientador. Eu não podia fazer o jogo para eles, mas aquele papel/visão própria me conferiu o poder de lhes dar *feedback*, superando as minhas dificuldades com a assertividade;

- O que me ajudou no meu cargo atual foi entender que há todo um novo grupo de pessoas contando comigo como líder;

- A visão própria da "onda no oceano" eliminou muitas frustrações baseadas no ego, associadas com reconhecimento, posição, ascensão na carreira, etc. O sucesso do departamento é o maior reconhecimento que posso receber. Mesmo sendo uma onda — amplamente fundamentada, serena, poderosamente alta, com uma crista exuberante — é uma visão própria que pode me manter seguindo em frente em qualquer papel.

- [Essa experiência] pode servir para me lembrar que as coisas podem ser até mesmo piores do que aparentam, mas que eu tenho os instrumentos para lidar com elas.

Todo esse processo foi uma extraordinária experiência de coragem. É preciso coragem para ser franco, para examinar a si próprio honestamente, para pedir e escutar atentamente o *feedback* dos seus pares e subordinados, para enfrentar a verdade, para comunicar o seu aprendizado honestamente aos outros e para atuar sobre esse *input* com introspecção para mudar construtivamente. Essa é a posição que a companhia está requerendo de sua liderança na busca de maior desempenho. Ninguém compreende realmente o que isso requer até que se submeta a ser temperado no fogo. Dedicando-se completamente a esse processo, Mark demonstrou — dentro da melhor tradição de liderar pelo exemplo — qualidades de autêntica liderança.

VI

INSTRUMENTOS DE MESTRIA

Prática é Iluminação.
— Dogen, mestre zen

O Paradoxo da Prática

As qualidades de mestria e liderança despertada, necessárias para enfrentar os atuais desafios, permanecem como abstrações agradáveis aos ouvidos até que as ponhamos em prática. Este capítulo descreve instrumentos-chave que providenciei para ajudar as pessoas a direcionar a energia criativa para o desenvolvimento e melhor desempenho individual. Derivam de um corpo de práticas usadas nas tradições mundiais de sabedoria por milênios, para liberar e desenvolver o nosso potencial, criar mestria e eficácia em viver e revelar a paz e o bem-estar inerente à nossa verdadeira natureza.

A prática é onde se buscam os resultados. Aplicações rigorosas das técnicas produzem resultados reais em nossa consciência, sentimentos e comportamento. Em última análise, é a prática compromissada que distingue o adepto realizado do intelectual discutindo conceitos agradáveis aos ouvidos. As técnicas de onde extraí o material foram testadas e aperfeiçoadas por milhares de anos de experimentação. Elas funcionam se as usarmos apropriadamente. As adaptações que fiz para a mentalidade e a situação contemporâneas são, na melhor das hipóteses, pequenas, e seguem o padrão dos séculos, nos quais diferentes culturas adaptam os instrumentos fundamentais para se ajustar ao seu contexto único.

Esses instrumentos são relevantes a ambos os aspectos do processo de compreensão do ser — individuação e autotranscendência. Algumas técnicas promovem a individuação: Elas ajudam o indivíduo a cultivar características, habilidades, experiência e comportamentos que nos levam à mestria e à plenitude do que poderíamos ser. A individuação tem lugar dentro da estrutura dualista de crença num indivíduo separado buscando realização. É fundada na identificação com o "eu" individual e objetiva criar um ego estável, eficaz no mundo. Esse processo pode continuar até que a necessidade de autotranscendência nos leve a ver através do "eu" individual e compreender a nossa profunda identidade com o subjacente ser-consciência-energia. Ironicamente, ao compreender o ser transcendente, o nosso potencial individual é liberado para fazer a nossa plena contribuição à vida.

Freqüentemente me refiro ao paradoxo da prática. A prática é simultaneamente um meio e um fim, um caminho para desenvolver e alcançar, bem como uma expressão da nossa natureza verdadeira, presente desde sempre, que não precisa de nenhum desenvolvimento ou consecução. A "prática", do grego *praktos*, significa passar através ou sobre, experimentar ou transacionar. Isto é, atravessando-a, você experimenta os seus benefícios, e assim fazendo você a transcende. A prática, então, é o processo disciplinado de esforço, que gera a ausência de esforço.

A princípio, a prática se parece com um exercício em que você trabalha. Pode parecer inadequada e desagradável, como quando se começa a praticar um instrumento musical. Quando comecei a aprender a tocar guitarra, os meus dedos doíam, não obedeciam, minhas mãos tinham cãibras. Mesmo assim, com aplicação consistente, a certa altura, o esforço cedeu lugar ao sem-esforço, e a música começou a fluir. Lembro-me de observar com espanto meus dedos se movendo suavemente, graciosamente pelas cordas. Parecia que a música estava tocando sozinha e que meus dedos intuitivamente sabiam o que fazer. Podiam improvisar e tocar acordes e notas que eu nunca antes tinha combinado daquela maneira. A pura criatividade surgiu através da mestria da forma. A liberdade viera da disciplina da prática.

Nesse estágio, a "prática" não está mais lutando para conseguir ou realizar. Fica mais próxima da idéia da prática da medicina. Nesse sentido, é expressão de mestria e demonstração de habilidade e realização. E, enquanto o aprendizado prossegue, a melhoria contínua ocorre dentro do contexto de mestria.

O mais crítico requisito para a prática bem-sucedida é dedicar-se inteiramente a ela. Isso significa dedicar-se ardentemente à pratica regular, con-

124   *A Sabedoria no Trabalho*

sistente, quer se tenha ou não inclinação para ela naquele dia. Demanda, também, paciência gentil com nós mesmos, com a qual deixamos o processo se desdobrar no seu ritmo próprio, aceitando o andamento e cada momento da experiência. Em alguns dias ela é mais fácil; em outros, mais difícil; em alguns dias há resultados claros; em outros, não. Aprendemos a deixar que a experiência seja o que ela é, sem julgamento, e continuamente reaplicamo-nos à prática.

No zen diz-se que "prática é iluminação". No enfoque não-dual, quando nos sentamos para meditar, não estamos buscando atingir a iluminação, mas expressá-la. Meditar é reconhecer a perfeição da nossa verdadeira natureza, ver que não temos que atingir o que já é assim, mas meramente sê-lo. Na tradição indiana Advaita isso é freqüentemente chamado de caminho sem caminho, aquele que o traz para onde você já está. A linha final é mais bem captada no desenho animado clássico de Grahan Wilson dos dois monges zen sentados em meditação, um com uma expressão de assombro ou perplexidade na face, enquanto o outro diz: "Não acontece nada depois. É só isso."

Meditação: A Prática de Ser Consciente

A meditação, a prática de ser consciente, eleva a sua percepção de simplesmente ser. Numa cultura de dedicação ao trabalho, aficionada a fazer sem cessar — à contínua produtividade de mais, melhor e diferente —, é suspeito e ameaçador simplesmente *ser*. É um desafio tremendo para uma mentalidade orientada para a realização compreender esse princípio básico: a chave para a produtividade é saber como ser improdutivo.

Isso não significa meramente descansar para refazer a sua energia. Quando você verdadeiramente vê que o ser vem antes, que é a poderosa origem de todo o fazer, então você respeitará o seu próprio ser e nele se refugiará. Deixar-se ser e tornar-se consciente do que você verdadeiramente é são o mesmo processo. Todo o nosso fazer nunca atingirá a paz, realização e bem-estar que já está dentro de nós. Como escreveu Paul Valery: "A melhor maneira de fazer seus sonhos se tornarem realidade é despertar."

Ser consciente é ser perceptivo. É estar presente no que é, como é, ver claramente a natureza das coisas. Baseia-se em prestar atenção, concentrando a sua percepção. O mestre zen vietnamita Thich Nhat Hanh, designado por Martin Luther King para o Prêmio Nobel da Paz, chama isso de o mais básico preceito de tudo: simplesmente ficar consciente do que fazemos, do que somos, a cada minuto.

No budismo contemporâneo ocidental, a prática da percepção de momento-a-momento é chamada de atenção da mente. Deriva da antiga prática budista theravada, conhecida como *vipassana*, que literalmente significa "introspecção", ou uma clara visão da realidade das coisas. É outra palavra para ser aqui e agora, plenamente presente e atento. A atenção da mente é aplicada a um amplo espectro de experiência. Em uma seqüência progressiva de técnicas, o praticante tem a mente atenta à respiração, ao pensamento, à sensação, à fala, ao movimento, à ação, às outras pessoas e ao ambiente. A maioria dos exercícios específicos que se seguem é uma variante da prática básica da meditação de mente atenta, a começar pela técnica básica de percepção da respiração.

Meditação com Percepção da Respiração

A atenção à respiração é um método amplamente usado e eficaz para cultivar a percepção interior na fonte do relaxamento e da paz da mente. O processo de acompanhar a respiração pode dissolver estados mentais estressados, emocionais e físicos e criar um efeito calmante de harmonia e equilíbrio interior.

Você pode se sentar de pernas cruzadas no chão, ou confortavelmente relaxado numa cadeira, com cabeça, pescoço e costas retos. Ajuda imaginar um fio atado no topo da cabeça a um balão flutuando acima de você e levantando levemente o topo da sua cabeça. Se estiver sentado numa cadeira, o melhor é deixar braços e pernas sem cruzar.

Deixe a barriga ficar frouxa e os ombros relaxados. Recomendo também cerrar os olhos, para encorajar a concentração interior sem distração. Se preferir mantê-los abertos, então fixe a atenção num ponto no chão, a cerca de um metro à sua frente.

Simplesmente preste atenção à respiração. É melhor respirar pelas narinas e não pela boca. Não é necessário respirar fundo nem regular a respiração. Apenas observe a respiração, sem nenhuma tentativa de controle. Seja moderado, não pressione nem se esforce.

Observe a entrada e a saída do ar pelas narinas. Note o frescor da inspiração na ponta do nariz. Escute o som da respiração. Ele se aquietará à medida que o relaxamento prosseguir. Note a subida e a descida dos pulmões e do diafragma. Selecione então uma área de concentração — a ponta do nariz, o som da respiração ou os pulmões, por exemplo — e mantenha ali a sua atenção durante todo o exercício.

Deixe os pensamentos e as sensações irem e virem livremente, mas continue a voltar a atenção para a respiração. Você observará a tendência de se apegar ao pensar e se demorar em pensamentos. A maioria das pessoas ou é fascinada por pensamentos e se vicia neles, ou tem repulsa por eles e tenta detê-los ou afastá-los. Contudo, para esse exercício, simplesmente fique sentado e observe, deixando os pensamentos surgirem e desaparecerem, sem julgar nem tentar controlá-los, nem afastá-los, nem procurar por eles.

Não faça nada com os pensamentos, exceto observá-los, e então, traga a atenção de volta para a respiração. Normalmente, à medida que ficar sentado, acompanhando a respiração, um pensamento aparecerá, e você será impelido a se concentrar nele. Assim que notar que está pensando, seja qual for o pensamento, volte a atenção para a respiração. Deixe a respiração se tornar um foco silencioso, pacífico, para o qual você volta repetidas vezes. Esse processo o relaxará e o revitalizará.

À medida que aprender a trazer a atenção de volta para a respiração, você observará brechas entre os pensamentos, espaços calmos em que há apenas silêncio, vazio, paz. Simplesmente perceba a quietude, e fique nela até que outro pensamento surja. Então volte a atenção para a respiração, e permaneça com ela até notar o silêncio de novo.

É importante não julgar a sua experiência de meditação. Algumas vezes são silenciosas, outras vezes são ocupadas com pensamentos barulhentos e ativos. Não há experiência de meditação certa ou errada, é simplesmente o que está aparecendo no momento. Cultivar a não-expectativa e a auto-aceitação permite que tudo venha e se vá livremente. Exatamente como a paciência, a perseverança e o senso de humor produzem os frutos da equanimidade, assim também a sabedoria e a liberdade ficam disponíveis para nós através da prática dedicada.

É melhor começar a dedicar pelo menos vinte minutos a esse exercício. Um ótimo programa envolveria uma prática diária, regular, de trinta a sessenta minutos, de manhã, e outra sessão de igual duração ao entardecer ou à noite. Essa prática pode também ser usada a qualquer hora do dia, quando você estiver estressado. Apenas sente-se e siga o procedimento — até mesmo cinco minutos já produzem alívio. Depois de algum tempo, você será capaz de aplicar essa técnica no curso da vida diária e no trabalho, enquanto caminha, dirigindo (com os olhos abertos!) e, ao progredir, mesmo enquanto se relaciona com as pessoas.

A prática regular dessa técnica simples produz uma sensação de paz, bem-estar e mais vitalidade. Desenvolve clareza mental para o pensamento criativo e ajuda na tomada de decisões. Cultiva uma atenção aguçada ao detalhe e a capacidade de escutar os outros com grande receptividade. Por proporcionar um centro em que se aprofundar, reduz a nossa reatividade à vida e nos capacita a responder mais apropriadamente às pessoas e à nossa experiência.

Essa técnica aumenta o equilíbrio emocional e a saúde pessoal. É freqüentemente usada no tratamento da dor e na cura. Reduz os riscos de doenças causadas pelo *stress* e tem efeitos positivos em muitos processos neurofisiológicos e bioquímicos.

Finalmente, essa prática serve como o principal portal do auto-conhecimento. Abre os praticantes para a intuição e a orientação interior, proporcionando acesso aos níveis mais profundos da consciência e do desenvolvimento espiritual. Ela o capacita a ver as coisas como realmente são, a conhecer a realidade sem condicionamentos ou preconceitos. É o terreno básico para o pleno despertar e liberdade humana.

A Atenção da Mente

É espantoso o que se pode observar apenas olhando. — Yogi Berra

O próximo passo em atenção da mente é prestar toda atenção ao fluxo de pensamentos, julgamentos, atitudes, desejos, medos, memórias, esperanças e sonhos que constitui o que chamamos de "mente". Essa prática nos capacita a atravessar o que o mestre tibetano Chögyam Trungpa Rinpoche ironicamente chamou de "epítome do reino humano [...] ficar encalhado num enorme engarrafamento de pensamentos discursivos". Permite-nos desenvolver uma clareza penetrante com respeito ao conteúdo específico do pensamento que cria a nossa experiência. Proporciona uma visão próxima do mecanismo que tanto define o ser individual como perpetua o nosso sofrimento.

Praticar a atenção de forma eficaz requer um interesse duradouro em como a vida funciona e um forte desejo de conhecer a si mesmo. Você precisa de um impulso interior consistente para concentrar e tornar a concentrar a sua atenção sobre o que está realmente acontecendo com você. Isso exige que você seja firmemente honesto consigo mesmo, disposto a enfrentar e reconhecer a sua experiência e os padrões básicos que o dirigem. Quando nos comprometemos com essa observação inabalável, finalmente vemos quão sutis e profundas são as camadas do auto-engano.

A prática começa a partir da técnica básica de percepção da respiração. No exercício original de percepção da respiração, você não tomou conhe-

128   *A Sabedoria no Trabalho*

cimento dos pensamentos, exceto para perceber que a sua atenção tinha divagado, e então voltava a se concentrar na respiração. Nesta prática, o objetivo é conseguir maior introspecção na natureza do próprio pensamento. Aqui, você toma nota do pensamento, talvez rotulando-o rapidamente — por exemplo, "esperar", "prever" ou "lembrar" —, e então deixa-o ir e torna a concentrar a atenção na respiração. Reconhece então o próximo pensamento que surgir e deixa-o passar, e volta a se concentrar na respiração. Este exercício é o processo simples de observar, deixar passar e se reconcentrar na respiração repetidas vezes.

Gradualmente, você se familiariza com a maneira como a sua mente trabalha. Você vê os seus padrões habituais, típicos, desejos e medos. Você vê quão fascinado e apegado é a certos padrões, e como esse apego os perpetua, e alimenta e cria sua experiência e percepção da vida. Tornar-se consciente dessa maneira permite que você lide com os padrões inconscientes do pensamento e, por fim, se livre deles. Você fica menos absorvido a ser propenso pelo tagarelar compulsivo da mente. À medida que você se sentir mais capaz de notar e abandonar as tendências habituais, ficará mais centrado, menos reativo e mais genuinamente sensível ao que a vida traz. Alguns padrões podem desaparecer gradualmente, outros podem cessar totalmente.

No final, essa prática desenvolve uma clareza penetrante, capacitando-o a prestar mais atenção aos detalhes, fazer um trabalho de melhor qualidade e cometer menos erros. A sua capacidade para estar conscienciosamente presente no momento fica mais forte. À medida que o seu senso de quem você é muda de agente para observador da sua experiência, profundezas maiores de autoconhecimento e de liberdade se revelam.

Como Identificar Limitações e Obstáculos

No local de trabalho, adaptei a atenção da mente para ajudar as pessoas a identificar crenças e princípios operantes limitadores específicos que criam obstáculos ao seu próprio desenvolvimento e à realização de suas metas. Isso as capacita a discernir os efeitos das suposições subjacentes de imperfeição e separação e as estratégias de sobrevivência de desejo e medo, discutidas no Capítulo IV. Esses efeitos afloram na consciência e no comportamento individual, como também nas normas e processos básicos que governam a moral organizacional, a motivação e o desempenho.

Eu ajudo indivíduos e equipes a ter mais clareza sobre os seus princípios operantes limitadores, a determinar o que os prende no lugar e a identi-

Instrumentos de Mestria 129

ficar os efeitos — tanto desejáveis quanto indesejáveis — que esses padrões produzem na sua experiência. Quando as pessoas podem identificar claramente os efeitos que essas crenças têm sobre o seu trabalho e a sua vida, finalmente encontram alguma base para escolher se continuarão a se prender a esses padrões, ou se preferem abandoná-los.

Princípios operantes limitadores são crenças fortemente arraigadas, geralmente derivadas de decisões que tomamos cedo na vida, com base em evidência insuficiente. Eles determinam os limites da nossa experiência. Definem o que nos é possível, criam uma zona de conforto de experiência familiar e nos proporcionam uma auto-imagem que somos relutantes em mudar ou deixar, mesmo quando ela nos restringe.

Como essa estrutura de interpretação forma um filtro que limita ou distorce as nossas percepções, tendemos a perceber seletivamente, vendo principalmente o que combina com o nosso condicionamento e crenças. Além disso, a mente dá o passo seguinte e usa os dados que percebemos para reforçar as suas crenças originais, criando assim um círculo vicioso de autojustificação. Essas crenças se tornam hábitos fortemente arraigados, que vão tão profundamente dentro de nós que têm efeitos neuropsicológicos em nosso corpo.

Como a capacidade e o potencial inatos dentro de nós são formados por essas crenças subjacentes, nem o talento, nem o desejo, nem a força de vontade são suficientes para produzir uma mudança profunda ou duradoura, a menos que também resolvamos inconscientemente os princípios operantes limitadores que estão em ação.

O primeiro passo para resolver esses princípios limitadores é ficar plenamente consciente deles. Começamos identificando os princípios operantes que restringem a nossa eficácia no trabalho ou a nossa liderança. Alguns exemplos podem ser úteis. Vamos examinar primeiro as crenças típicas sobre nós mesmos, que compreendem o diálogo interior limitador padrão que solapa a autoconfiança. Elas são todas variações básicas sobre o tema de ser imperfeito ou incompleto.

> Eu não estou bem, eu sou imperfeito, falho, incompleto, falta alguma coisa.
> Eu sou indigno, não mereço, sou fraco, inadequado, incompetente, repulsivo.
> Eu não consigo fazer isso, não consigo agüentar, vou pôr tudo a perder, sempre faço errado.
> Sou vítima da vida, impotente, descontrolado, incapaz de comandar a minha vida.

Quando desenvolvemos alguma dúvida dentro de nós mesmos, a nossa tendência inerente de sobrevivência é buscar saídas, formas de nos corrigir. Ironicamente, muitos desses enfoques só nos levam mais fundo na areia movediça da limitação. Por exemplo, uma estratégia impraticável, fundada na crença da separação e na ânsia de superá-la, apenas nos torna sujeitos à dependência de outras pessoas:

Eu estou bem se outras pessoas acham que eu estou bem.
Meu valor ou bem-estar depende dos outros.
Eu preciso ter amor, aceitação, aprovação. Eu tenho de evitar a rejeição, a desaprovação.
Eu tenho de ser agradável, fazer a coisa certa, dizer sim ao pedido de todo mundo.

Essas dependências podem até mesmo subir ao nível de co-dependência em que o nosso bem-estar limita-se a existir para os outros, outra variação ineficaz na busca de transcender a separação e de nos justificarmos:

Eu estou bem se estou ajudando os outros e sendo útil.
Eu tenho de ser tudo para as outras pessoas.
Eu sou responsável pelo bem-estar, sentimentos, vida, problemas de outras pessoas.
Eu preciso que os outros precisem de mim.
Eu me sinto culpado, fico ansioso ou perturbado quando os outros têm problemas que estão fora do meu alcance.
Eu preciso ter controle sobre os outros.
Eu fico aborrecido e me sinto inútil sem um problema para resolver ou alguém a quem ajudar.

Outro padrão típico — dependência do trabalho e de realização para sentir bem-estar — tem sido tradicionalmente mais presente no condicionamento masculino. Mas, à medida que mais mulheres entram no mercado de trabalho, pode ser cada vez mais relevante também para elas. Essas crenças, naturalmente, são a base subjacente do excesso de trabalho, e são especialmente cruciais nas ocasiões de demissão e alto desemprego:

Eu estou bem desde que esteja trabalhando, sendo produtivo, realizador.
Meu bem-estar depende do que faço, do quanto realizo, de quanto trabalho.
Tenho de fazer mais, melhor, diferente.
Nunca há tempo suficiente.
Não devo tirar folga nem férias. O descanso é improdutivo.

Instrumentos de Mestria   131

E então há os surtos de perfeccionismo compulsivo:

Eu posso ser perfeito fazendo tudo com perfeição o tempo todo.
Não devo cometer erros. Os erros me invalidam, são fracassos.
Não posso fazer as coisas com perfeição porque não sou perfeito e nunca serei.
Tenho de parecer bom, ser profissional, não demonstrar dúvida, confusão ou fraqueza.
Tenho de ser o sabichão. As pessoas esperam que eu saiba tudo.
A vida não devia ter problemas.
Tudo devia transcorrer suavemente, da maneira que eu quero.
Se as coisas não vão bem, deve haver algo errado comigo.

As crenças que impulsionam a auto-suficiência se tornam limitações quando bloqueiam a nossa eficácia para a liderança ou o trabalho em grupo e a colaboração.

Se quiser que tudo saia certo — ou mais depressa —, faça você mesmo.
Tenha confiança em si mesmo, não confie seu destino a outrem.
Tenho de vencer, ser o primeiro, parecer bom, me destacar, estar certo.
Não se pode confiar nas pessoas; elas nos abandonarão, elas nos deixarão na mão.

Tendo identificado as suas crenças limitadoras, o próximo passo é assumir a responsabilidade por elas, observando os resultados que você obtém por se apegar a elas. Isto é, sempre nos apegamos às nossas suposições, porque inconscientemente acreditamos que servirão à nossa sobrevivência de alguma forma, ou para conseguir algo que desejamos, ou para ajudar a evitar algo que tememos. É o nosso apego a esses desejos e medos que nos prende ao padrão.

Entre os desfechos típicos podem estar a nossa busca de poder e controle, a nossa necessidade de vencer ou de evitar perdas. Ou então ansiamos por amor, procuramos aprovação e reconhecimento, e conseqüentemente tememos a desaprovação, a rejeição e a crítica. Alguns de nós estão num perpétuo redemoinho, procurando provar a si mesmos, justificar, documentar, estar certos, ser inocentes, tentando demonstrar que são equilibrados e superiores.

Ou podemos estar buscando intensidade, excitação, drama e risco, e assim evitando o enfado e a rotina. Por outro lado, muitos de nós se agarram ao conforto e à proteção, à tranqüilidade e à segurança, evitando a dor, o esforço, o risco ou o conflito e o confronto. Podemos buscar o familiar e temer o desconhecido, preferir a ordem à criatividade, a paz em vez do risco, muito embora o caminho arriscado possa prometer grande sucesso. Na verdade, aqueles que se apegam ao sucesso e à realização tendem a temer o fracasso, ou a não-realização. Se o trabalho é a avenida da fama, da fortuna e do *status*, então podemos buscar implacavelmente as luzes da ribalta, aumentos e promoções, sem a devida consideração do preço que teremos de pagar, assim como os outros à nossa volta.

Estaremos livres desses padrões limitadores quando abrirmos mão do nosso apego aos desejos e receios que os mantêm. Poderemos nos livrar dessas estratégias profundamente enraizadas quando nos aproximarmos mais da nossa verdadeira natureza. Quando reconhecermos o poder do Eu já dentro de nós, poderemos abandonar a busca do poder. Poderemos nos libertar da ânsia de ser amados quando nos determos em nossa própria auto-aceitação e avaliarmos todo o nosso ser. Encontraremos segurança e confiança duradouras quando nos rendermos ao destino e à nossa natureza eterna, transcendental. Sentiremos intensidade e entusiasmo na alegria de conhecer a liberdade. Quando conhecermos o nosso próprio Eu, a necessidade de autojustificação desaparecerá.

Uma vez que você tenha identificado a sua própria rede particular de pensamentos autolimitadores, está em posição de fazer algumas escolhas. Sobre quais deles você está disposto a assumir responsabilidade? Quais está disposto a abandonar? Quais está disposto a aceitar e deixar como estão? Reconhecer que alguns vínculos são muito profundos, ou que não vale a pena mexer com eles, pode levá-lo à sabedoria libertadora da auto-aceitação. E, finalmente, que padrões você está disposto a mudar?

Eu não suponho que as pessoas "devam" mudar as suas crenças. Essa suposição tem sido fonte de violência, opressão e dogmatismo ao longo da história. Aprendi que trabalhar com as crenças das pessoas é um processo sutil e poderoso, mas é também um campo minado. Precisamos nos aproximar delas com sensibilidade, respeito pelos valores e experiências dos outros e a humildade de reconhecer que não temos a resposta para tudo. Isso é especialmente assim para pessoas empenhadas em discutir "espiritualidade" e "sabedoria" no local de trabalho, que podem se esquecer de que tudo o que temos a dizer — qualquer coisa que possa ser absolutamente conceitual — é outra crença relativa, que não pode apreender nem transmitir a Verdade inefável, indizível.

Em meu trabalho, prefiro que as pessoas investiguem o impacto das suas crenças sobre si mesmas e seus colegas, seu trabalho e sua organização, e então, livremente, decidam por si mesmas o que é apropriado. A autonomia aqui surge da sua própria percepção, da sua disposição de fazer escolhas coerentes com os seus valores mais profundos, e com o seu compromisso de ser responsável pelas suas escolhas e viver com integridade.

Se as pessoas realmente escolhem mudar, há uma tecnologia simples para transformar princípios operantes limitadores em crenças mais positivas e expansivas. É espantoso como uma pequena mudança de pensamento pode produzir mudanças poderosas de sentimento e comportamento, quando as pessoas finalmente enxergam o mecanismo e como trabalhar com ele.

A Tecnologia da Criação

Tendo compreendido como a mente cria a experiência, somos capazes de usar as poderosas técnicas das tradições de sabedoria para dar forma às nossas experiências nas direções que escolhermos. Esses instrumentos trabalham a partir de dentro para fazer surgir qualidades desejadas, características, capacitações e habilidades do mar sem forma de potencialidade dentro de nós. O processo de autocriação é uma atividade do modo dualista de consciência que se divide em sujeito e objeto e então vive uma busca individual criativa para se individuar. Embora operemos aqui a partir do ponto de vista egóico, estamos na verdade reproduzindo, em microcosmo, o processo cósmico da própria criação.

O pensamento cria. O pensamento, ou a imaginação, é o instrumento pelo qual a fonte-consciência sem forma manifesta a criação. Isso está acontecendo agora, quer saibamos disso ou não, da mesma maneira que a lei da gravidade atua, quer a reconheçamos ou não. Quando vivemos em sintonia com a gravidade, conseguimos ser mais eficazes em seu domínio. Quando somos conscientes de como a mente trabalha, ela se torna nosso instrumento, e não a nossa ama.

O processo de autocriação como a expressão madura de uma mente egóica funcional, criativa, começa quando você assume completa responsabilidade por criar a sua experiência e por encarregar-se da sua vida. A responsabilidade envolve uma mudança em seu senso de eu, de vítima dependente para causa proativa. Da raiz latina *re-spondere*, prometer, significa ser responsável por ou capaz de responder por sua conduta; que dá a resposta como causa primária, motivo ou agente; tendo o caráter de um agente moral livre.

Ser responsável significa que você deixa de ver a si próprio como uma folha passiva soprada ao léu, sob o efeito de poderosas forças além do seu controle. Você vive como agente, criando a sua vida, em vez de deixá-la "acontecer". Você reconhece a sua autonomia, o seu senso de independência pessoal, e age como se a sua sobrevivência e o seu destino estivessem em suas próprias mãos. Você vive proativamente, modelando a direção da sua vida. Você é automotivado, faz o que precisa ser feito, sem que lhe digam o que fazer. Vive a partir da escolha, e não do "ter de". Viver a partir do "ter de" cria um sentido de obrigação, dever e encargo que conduz ao ressentimento, culpa, queixa, baixa energia, baixo moral e desempenho fraco. Viver a partir da escolha dá energia e motiva.

Você reconhece que cria os seus sentimentos, reações, ações e comportamentos. Isso permite que você veja que é a fonte da sua felicidade e infelicidade, da sua satisfação e insatisfação. Você aceita a responsabilidade pela sua experiência e não culpa os outros. Ninguém *faz* você pensar ou fazer qualquer coisa. Ao tomar posse de si, você libera o poder que estava preso a emoções e reações perturbadas. Quando vê que é você que está causando a sua experiência, fica livre para redirecionar esse poder para os caminhos que escolher.

Nós direcionamos a nossa energia pela concentração da intenção e da atenção. Como diz a sabedoria tradicional, aquilo em que você se concentra você cria. A intencionalidade, o compromisso proposital contínuo com um resultado desejado, é a força motriz por detrás da criação. A intenção literalmente leva o poder criativo do desejo — o impulso de sobrevivência da mente egóica — à sua mais ampla expressão, canalizando todo o nosso desejo numa única direção. A atenção é uma concentração da percepção. Se pensarmos sobre a consciência como luz, e sobre a percepção como luz difusa, então a atenção tem o extraordinário poder concentrado de um *laser*. A atenção e a intenção juntas trabalham como um *laser* que envia neurotransmissores pela rede neural do nosso organismo, de modo bastante semelhante aos *lasers* que transmitem pulsos de informação-luz por meio da fibra ótica do sistema nervoso global. O misterioso drama da criação flui através do nosso organismo.

Temos de ser cuidadosos sobre o modo como concentramos o poder da consciência. Estamos literalmente trabalhando com a espantosa energia da própria vida, uma potência tão quente que pode nos queimar ou fritar. Eis aí o poder divino do Eu, que pode criar ou destruir. As tradições mundiais de sabedoria recomendam cautela para nos aproximarmos desse poder, só devemos fazê-lo com respeito e humildade, e usá-lo apenas para fins nobres, que não façam mal aos outros. Como a energia nuclear, que pode produzir radioatividade tóxica, assim esse poder interno tem os seus próprios efeitos corrosivos sobre a consciência e a experiência. O abuso de poder é um perigo e uma tentação sempre presentes para a mentalidade egóica. A minha intenção aqui é estritamente a de desenvolver sementes de potencial dentro do seu próprio organismo mente-corpo, que serve à sua auto-objetividade e à sua harmonia com os outros.

Dois instrumentos fundamentais, que tenho usado no meu trabalho por vinte anos, juntos proporcionam um enfoque de todo o cérebro para o autodesenvolvimento: a atividade de declaração do lado esquerdo do cérebro, e a modalidade de visualização do lado direito do cérebro.

Declaração

A maior descoberta da minha geração é que os seres humanos, mudando a atitude interior da mente, podem mudar os aspectos exteriores da sua vida.

— William James

A mente é uma espada de dois gumes. Da mesma forma que certas crenças e princípios operantes podem limitar a nossa experiência, assim podem as crenças fortalecedoras expandir a nossa experiência e revigorar o nosso comportamento nos caminhos que escolhermos para nos desenvolver. O instrumento mais eficaz para transformar as nossas crenças é a prática da declaração, popularmente conhecida como conversa positiva consigo mesmo ou afirmação.

Podemos apreender o poder criativo da declaração contrastando-a com outra forma de discurso chamada de asserção. A asserção descreve o que é: "Meu carro está no estacionamento." A asserção ou é certa ou errada, verdadeira ou falsa, e podemos comprová-la ou documentá-la pela evidência ou pela lógica. Podemos ir lá e ver o carro.

As declarações, por outro lado, não descrevem a experiência, elas a criam. No trabalho, os gerentes fazem todos os tipos de declaração que criam novas circunstâncias para as pessoas: "Você está contratado", "Você está despedido", "Você está promovido". As visões estratégicas e a formulação de missão do que queremos, ou de onde estamos indo, são declarações. Formulações de valores são declarações.

As declarações têm o poder de mudar aquilo que está no ato de se falar a respeito. Se duas pessoas querem se casar, vão a um juiz de paz, ou padre, que as declara marido e mulher. Uma mudança ocorreu no falar, da mesma forma que o Congresso pode declarar a existência de uma guerra, ou um juiz de beisebol pode declarar bolas e batidas. Não é onde a bola realmente está — não é uma asserção — é o que o árbitro diz que é. Um famoso árbitro respondeu à pergunta de um batedor, querendo saber se o arremesso havia sido uma bola ou uma batida: "Não é nada até que eu declare."

As declarações não são certas ou erradas, são válidas ou inválidas. A validade da declaração depende da autoridade de quem fala. O juiz tem a autoridade, e, se você discorda dele, ele o expulsa do jogo. Somente aqueles investidos de autoridade própria podem casá-lo. Somente aqueles gerentes com autoridade própria podem contratar e demitir. A questão para as suas próprias declarações, naturalmente, é se você reconhece sua autoridade para fazer a declaração. E como você obtém essa autoridade? Você a assume.

Como um antigo historiador, gosto de lembrar as pessoas de que a declaração é o ato patriótico máximo. Os Estados Unidos da América foram literalmente criados pela Declaração da Independência. Note que não a chamaram de "Asserção da Independência". Baseados na evidência, éramos uma colônia da Coroa Britânica. Contudo, em 1776, alguns de nossos antepassados informaram ao Rei George III e ao mundo em geral que não éramos mais uma colônia da Grã-Bretanha, mas uma nação livre e soberana. Brilhantemente, declararam que "certas verdades são evidentes por si mesmas" — nenhuma necessidade de prova aqui — e apelaram ao Criador, que nos deu "direitos inalienáveis" — é difícil argumentar contra isso. Literalmente, declararam a sua liberdade, e igualmente, de forma brilhante, declararam uma nova base de autoridade — a soberania popular — a de que o governo deriva a sua justa autoridade do consentimento dos governados. Enquanto puxavam o tapete do velho direito divino dos reis, sabiamente apelaram ao "Juiz Supremo do mundo pela retidão de nossas intenções". Basicamente, eles e nós, como seus herdeiros, ficamos livres, porque eles disseram que éramos.

Naturalmente, tiveram de lutar a Guerra da Independência. A questão-chave aqui é: Quando ficaram livres? Quando assinaram a Declaração, em 1776, ou depois que expulsaram os ingleses? Fica claro para mim que ficaram livres no momento em que assinaram o documento. Somente um povo livre, não colonos, lutaria a Guerra da Independência, exatamente como só um povo livre se engajaria nas muitas revoltas de escravos em nossa história. Escravos não se revoltam. Eles ficaram "livres" no momento em que declararam que eram, independentemente de condições. A liberdade é uma declaração, não uma asserção, e há pessoas livres na prisão ou na pobreza, da mesma forma como há escravos em profusão na América empresarial.

Instrumentos de Mestria   137

O que os tornou livres não foi só a sua declaração, mas a disposição de apostar tudo na sua verdade: "E, em apoio desta declaração, com uma firme confiança na proteção da Divina Providência, mutuamente empenhamos as nossas vidas, as nossas fortunas e a nossa sagrada honra." Quando você está disposto a assumir esse tipo de posição com respeito a sua verdade, ela surge para você. No longo prazo, nada menos que isso servirá.

Quando formulamos afirmações e praticamos o diálogo interior, estamos vivenciando o processo misterioso de nos tornarmos o que já somos. Como nos disse Ramana Maharshi: "O estado de auto-realização não é atingir algo novo, ou atingir alguma meta que esteja distante, mas simplesmente ser aquilo que você sempre é, e o que você sempre foi, simplesmente sendo você mesmo." A "realização" de que ele fala tem dois aspectos. Um é reconhecer o que já é assim. O outro é tornar real, trazer do potencial para o real, e vivenciar plenamente — não apenas como um conceito — o que é verdadeiro nas suas profundezas. Uma declaração produz sementes de potencialidades da nossa natureza inerente, fornece-lhes água e nutrientes para amadurecerem. Traz a força que vivifica o código genético dentro da bolota e possibilita o florescimento da árvore do carvalho da realização.

O processo simples de conversar consigo mesmo é afirmar o que lhe é possível e identificar o resultado pretendido como uma realidade presente. Você declara para si mesmo que já realizou sua meta ou se tornou o que desejava ser. A declaração é internamente falada por você para si mesmo. Constatei que em geral funciona melhor manter isso como algo interior e particular, não falando alto para os outros. Pela repetição interna consciente, a afirmação tem o poder de se tornar auto-realizadora, mudando as suas crenças fundamentais sobre si mesmo ou sobre a vida.

A repetição cria a crença. Não é um método muito sofisticado. Os pensamentos que sustentamos durante muito tempo e com intensidade suficiente parecem reais. Foi nossa inconsciente repetição que deu às nossas crenças limitadoras tanto poder, é bom lembrar — e o mesmo processo se aplica também à declaração. A repetição é a chave básica para aprender: lembre-se de como aprendemos a escrever, ou andar de bicicleta, ou desenvolver habilidades técnicas. Na verdade, o aprendizado e a lavagem cerebral são ambos baseados no poder da repetição para mudar a consciência. A principal distinção é que "nós" educamos, "eles" fazem lavagem cerebral. A conversa positiva conosco mesmo é uma maneira de lavar o nosso próprio cérebro e limpá-lo dos resíduos do passado, de forma que o novo possa brilhar. A crença, por sua vez, dá forma à nossa experiência,

138   *A Sabedoria no Trabalho*

sentimentos e comportamentos. Uma vez que a declaração se torne parte do nosso sistema operacional, o comportamento e a experiência fluem natural e espontaneamente dela.

Há quatro elementos-chave para formular e usar afirmações. Primeiro, só afirme o que realmente acredita ser possível, isto é, o que acredita ser capaz de fazer e o que as leis da vida permitirem. Isso é na verdade bastante vago, já que a história da humanidade e do alto desempenho é um recorde sistemático de pessoas regularmente fazendo o impossível — isto é, realizando o que outros e mesmo a ciência declararam ser impossível. Formule a sua visão dessa possibilidade usando pronomes pessoais e se concentre nas qualidades positivas que deseja desenvolver. Preste atenção para não enfatizar o que não deseja. Como a tendência da mente é criar aquilo em que você se concentra, se você afirma "não estou zangado", o poder da atenção ainda está sobre a zanga. Um dos obstáculos básicos à autocriação é que as pessoas freqüentemente se concentram no que não querem, e não no que desejam, e depois se admiram de como é difícil vivenciar o que desejam. Finalmente, formule a sua afirmação no tempo presente. Se continua afirmando "Serei feliz", você simplesmente cria uma crença que permanece no futuro. Naturalmente, o futuro nunca acontece. Quando a crença é criada no tempo presente, assim que a crença se registra, ela acontece agora, que é o único tempo que existe.

Eis aqui algumas amostras de afirmações:

Eu estou bem. O meu bem-estar e valor vêm de dentro de mim.
Acredito na minha capacidade para lidar com o que a vida me dá.
Sou relaxado e confiante em situações tensas ou dominadas pela emoção.
Recebo com prazer a mudança e as surpresas da vida.
Gosto do desafio de viver com risco.
Aceito enganos e erros como oportunidades de crescimento e de aprendizado.
Amo o sentimento radiante, saudável, que tenho pelo meu corpo esbelto e firme.
Sou cheio de vitalidade e entusiasmo pela vida.
Vejo o humor da vida e partilho isso levemente com as pessoas.
Eu me dou permissão para repousar e me alimentar.
Minha criatividade flui espontaneamente.
Confio na intuição e na orientação interior.

Eis aqui outro conjunto, especificamente constituído para líderes e a experiência no local de trabalho.

Meu papel é servir e apoiar as pessoas para terem sucesso.

Eu faço o que digo e pratico os comportamentos que busco nos outros.

Trabalho conscientemente para resolver problemas e enfrentar desafios.

Sou devotado aos clientes e considero as suas questões uma prioridade.

Eu ajo decididamente diante da ambigüidade.

Transmito uma sensação de confiança e otimismo.

Comunico claramente as expectativas de desempenho.

Mantenho as pessoas responsáveis por atingir resultados.

Tenho uma clara noção de quem somos, do que representamos e daonde estamos indo.

Eu ligo todas as nossas atividades e processos ao todo maior.

Eu me mantenho concentrado nas atividades importantes em meio a uma crise.

Tenho consciência do potencial oculto dos outros e os ajudo a realizá-lo.

Encorajo e recompenso quem assume riscos.

Comemoro o sucesso dos outros e recompenso e demonstro reconhecimento pelos seus esforços.

Dou *feedback* construtivo para promover o crescimento individual.

Busco compreender os pontos de vista dos outros a partir das suas perspectivas.

Encorajo os outros a expressar pontos de vista divergentes.

Trabalho para descobrir soluções criativas que beneficiem a todos.

Valorizo e busco as visões dos outros e ouço com atenção as suas opiniões.

Sou aberto para receber *feedback* construtivo e revisão crítica do meu trabalho.

Disponho-me a mudar os meus pontos de vista e ações à luz de uma nova informação.

Cuido do meu bem-estar e encorajo os outros a fazerem o mesmo.

Eu reservo tempo para dar sentido e trazer alegria à vida.

Eu respeito e crio um ambiente que apóie a rica diversidade de pontos de vista, enfoques, talentos e perspectivas de todo o pessoal.

Eu instruo e oriento ativamente os indivíduos.

O diálogo interior é realmente uma conversa consigo mesmo. Você diz a si mesmo quem e o que você é. Você diz a sua verdade para si mesmo. E, simultaneamente, escuta, presta atenção em si mesmo. Verdadeiramente falar e escutar a si mesmo é o diálogo máximo, a conversa com o Eu, o modo como ele gera a sua própria forma.

A declaração é o princípio racional, o logos, o empuxo assertivo procriativo que dá forma à potencialidade dinâmica sem forma. Esse processo verbal, linear, literalmente define (põe um "fim" a) a forma do novo; literalmente, cria limites em torno dela e dá o seu contorno. Essa é a maneira como a origem sem forma toma forma e gera a sua infinita transformação por meio da atividade mental.

Visualização

Se você pode vê-lo, pode se transformar nele. — Walt Disney

Uma dimensão mais ampla é dada ao caminho bidimensional de declaração do cérebro esquerdo através da atividade de imagem da consciência do cérebro direito. Aqui empregamos visualização, e os outros sentidos, se for apropriado, para aprofundar e estender a nossa capacidade de criar experiência.

A visualização é a prática ativa de conscientemente concentrar-se em quadros mentais e impressões sensoriais para criar os resultados e as experiências pretendidas. Ela dá exatidão a uma faculdade mental simples que a maioria de nós usa diariamente: sonhar de olhos abertos, fantasiar, antever, sonhar, recordar. Por qualquer que seja a razão, todos nós temos quadros cultivados na mente.

Muitas tradições sagradas praticam alguma forma de visualização. Cristãos devotos meditam sobre as qualidades dos santos e a paixão de Jesus de forma a absorver essas características. Os praticantes tântricos do budismo e do hinduísmo seguem métodos altamente detalhados, precisos, para visualizar tanto as formas abstratas dos *yantras* (diagramas simbólicos) como as características antropomórficas de divindades que representam certas qualidades. A prática secular da visualização — usada, por exemplo, na cura da mente-corpo e no crescimento pessoal — da mesma forma dispõe de um método sistemático de uso.

A visualização funciona de acordo com princípios básicos da consciência. Diz-se que a formação de imagens é a principal linguagem do inconsciente. Quando o inconsciente se comunica com a mente consciente, com freqüência o faz por meio de sonhos ou visões. Portanto, se queremos nos comunicar com o mais profundo reino da consciência, faz sentido lhe remeter um quadro, uma imagem. Quando conservamos uma imagem de nós mesmos vivendo a declaração plenamente, no fundo da mente pensamos que ela está realmente acontecendo.

Para o inconsciente, "ver é crer". O sistema nervoso não distingue entre uma figura bem imaginada e a realidade física. As imagens mentais provocam experiências neuropsicológicas semelhantes àquelas causadas por percepções de eventos físicos. Quando criança, eu tinha sonhos recorrentes de ser perseguido por um monstro. Eu me via correndo, assustado, ficando todo acalorado e suado. Quando acordava na cama, ficava aliviado, naturalmente, ao saber que era só um sonho. Mesmo assim, estava acalorado, suado e cansado. Como eu tinha essas experiências físicas reais se era apenas "imaginação"?

Estamos aprendendo com a psiconeuroimunologia que imagens fortemente retidas produzem efeitos neurofisiológicos e bioquímicos identificáveis no corpo. No sonho eu pensava que estava correndo, e o inconsciente remetia mensagens às glândulas sudoríparas para suar. E elas assim faziam. A mente remetia mensagens aos músculos de que eles estavam correndo. E assim eles ficavam cansados. A imaginação gera experiência. O físico é uma resposta à imagem, uma cristalização e condensação da luz sutil da consciência.

A visualização, algumas vezes chamada de treinamento de repetição psicomotor, é uma parte comum do treinamento atlético de alto desempenho. É usado para aperfeiçoar o giro do golfe ou o lançamento do beisebol, aperfeiçoar o salto do mergulho e a forma da ginástica, mesmo para trabalhos em grupo com equipes de beisebol e outros usos semelhantes. A certa altura, tanto os atletas olímpicos americanos quanto os soviéticos estavam usando essas técnicas mentais em até 75% do seu tempo de treinamento. É também amplamente praticada por atores, oradores públicos, advogados criminalistas e artistas que aspiram ao bom desempenho.

Alem do mais, eventos imaginados, que estão profundamente impressos na mente, são também registrados pelo cérebro e pelo sistema nervoso central como memórias. Isto é, da mesma forma que a mente armazena registros de eventos reais na memória, também registra eventos imaginados na mesma biblioteca. Daí é freqüentemente — e cada vez mais, à medida que envelhecemos — difícil distinguir entre o que "realmente" aconteceu e o que imaginamos que tenha acontecido. Isso pode ser um problema em algumas áreas da nossa vida, mas ajuda no processo de visualização. Se você se imagina sendo paciente, a mente armazena isso no mesmo escaninho da memória que os eventos reais. Digamos que você faça isso três vezes ao dia, durante seis meses. Agora você tem um longo registro de eventos de ser paciente. A acumulação dessas memórias se torna a base para criar uma nova auto-imagem de ser uma pessoa paciente. E da auto-imagem flui a experiência.

A visão sempre foi o principal modo de nos motivarmos e nos exaltarmos em direção a grandes realizações e a novos comportamentos. Como Moisés, grandes líderes ao longo da história mantiveram tenazmente uma visão positiva da Terra Prometida para guiar e inspirar o seu povo. Os líderes atuais desenvolveram uma versão contemporânea, talvez não exaltada, nas visões organizacionais que têm a mesma intenção de concentrar as pessoas nos resultados finais desejados para formar a sua experiência.

O mesmo princípio de motivação é explorado na propaganda contemporânea, o mestre atual da imagem de alto poder. Os comerciais de TV, revistas e cartazes, todos querem atraí-lo para dentro do quadro ou gravura. Se você pode ver a si mesmo lá dentro, ou com o produto, a venda está praticamente feita. É a estratégia por detrás de encorajá-lo a experimentar o novo vestido ou casaco no provador, de levá-lo a dirigir o carro novo em que você está "apenas dando uma olhada". Uma vez que se vê dentro dele, começa a desenvolver uma nova imagem de si mesmo no carro ou no casaco. Quando vai de volta ao antigo, inconscientemente faz a avaliação dele de acordo com o novo padrão, e já não é mais tão bom assim. Todos os defeitos e ferrugens do carro velho, o puído de uso do casaco velho, tudo isso se destaca. A visão do novo é um padrão mais atraente, que o leva na sua direção. No cinema, eles mostram *trailers* para motivá-lo a ver o próximo filme. Cada vez que você se visualiza de uma nova maneira, é como se isso o atraísse para o filme que entrará em cartaz. A parte sua que deseja que aquele filme seja real retornará para ver mais. Quando há total identificação com a visão positiva, então uma mudança duradoura ocorre dentro de nós.

Existem diretrizes simples para visualizações eficazes. Comece encontrando um espaço confortável em que possa relaxar e fechar os olhos. Então use a técnica da percepção da respiração até que a mente esteja tranqüila e receptiva.

Basicamente, você é o diretor e o ator do seu próprio filme; assim, dirija do jeito que quiser, e o repita quantas vezes quiser. Faça-o do seu jeito e idealmente se veja vivendo as qualidades, experiências e comportamentos que está procurando cultivar. A concentração pode ser ou interna ou externa. Isto é, você pode se ver como normalmente o faz, de dentro de sua cabeça olhando para fora com os olhos; ou você pode se ver de fora de seu corpo, como faria um observador externo.

Quanto mais multissensorial e tridimensional for a imagem, tanto melhor. Assim, traga também som, paladar, toque e sentimentos para dentro do quadro. Escute a sua voz, sinta as sensações e emoções do seu corpo. Traga para dentro tanto mais detalhes vívidos quanto puder. Se for difícil conseguir quadros realistas, metáforas e desenhos servem. No tratamento do câncer, Carl Simonton relatou que um paciente imaginava os sete anões retirando células mortas de câncer de dentro dele, e levando-as para fora. Como os quadros vêm e se vão rapidamente, é importante tornar a focalizar a atenção sobre a imagem que você quer. Embora possa não obter quadros claros, estáveis, mesmo o menor vislumbre de uma nova possibilida-

Instrumentos de Mestria   143

de é poderoso. Na verdade, nessa prática menos é mais, e um minuto ou dois de atenção concentrada valem mais do que dez minutos de sonho ocioso.

À medida que observar o seu próprio filme projetado, verá de novo que você é tanto causa como efeito, agente e objeto, do processo universal criativo. Você é o imaginador, é o imaginado e é a imaginação. A partir dessa perspectiva, pode testemunhar a representação da memória como o instrumento da criação, em que você é tanto o indivíduo em evolução como a fonte imutável.

O Exame do Corpo: A Arte de Sentir

As técnicas que discutimos até agora são principalmente cerebrais, com ênfase em pensamento e imagem. Agora dirigimos nossa percepção mais profundamente para o corpo, para sentir como a consciência *literalmente* nos toca como um instrumento que vibra com a rica diversidade de sensações, emoções e fluxos de energia, a que chamamos de sentimento. É pelo corpo físico que vivenciamos diretamente a realidade palpável da energia fundamental que os japoneses chamam de *ki*, os chineses chamam de *chi*, os hindus chamam de *shakti* ou *prana*, e é também conhecida no Ocidente como o *élan vital*, a força vital, o espírito. Seja qual for o nome que lhe dermos, é a dinâmica dentro de toda experiência, a vida animando o organismo. Se estivermos abertos e o sentirmos plenamente, somos levados de volta ao poder do nosso próprio ser verdadeiro.

O exame do corpo provém de antigas técnicas, tanto da yoga hindu, como da prática *vipassana* do budismo da Índia e do sudeste da Ásia. É o mais perto que podemos chegar da arte ou ciência de sentir, que antes discutimos como a base da coragem e compaixão para com os outros. Esse exercício de plena atenção ao sentir expande a atenção da mente para abarcar sensações emocionais e físicas e o *stress* corporal. Ele capacita-o a reduzir ou eliminar muito da sua tensão, dor e fadiga, e lhe dá mais acesso à sua energia e vitalidade inerentes. Mais especificamente, permite que você processe emoções e perturbações de forma sábia, sem ter que lançá-las inapropriadamente sobre os outros, ou sofrer as conseqüências internas da repressão e da supressão.

Baseia-se na compreensão de que estressantes estados emocionais e corporais surgem e se desenvolvem em problemas graves porque: 1) nós não os notamos até que se tornem extremos, e 2) não sabemos como lidar com eles quando já os notamos. O exercício capacita-o a monitorar o fluxo de sensações no corpo, detectar perturbações emocionais ou *stress* quando estão começando e ser capaz de vivenciá-los e deixá-los ir antes que se tornem um problema.

À medida que prestamos atenção às sensações corporais, notamos que há um movimento contínuo de sensações — de leveza e de peso, quente e frio, aperto e lassidão, excitação e dormência, pulsar e bater, prazer e dor. Se pudermos aceitá-las como são e vivenciá-las plenamente, elas vêm e vão facilmente.

Comumente, tendemos a viver principalmente em nossos conceitos e histórias sobre essas sensações, em vez de senti-las diretamente. Isso é semelhante a estudar o mapa em vez de viajar pelo território, ou comer o menu e não a refeição. O intelecto se torna um esconderijo da rude experiência da vida. O nosso apego a conceitos e histórias — todas aquelas razões por que nos sentimos de determinado modo — é de fato uma fuga do sentimento e, paradoxalmente, mantém as sensações estanques. Quando estamos dispostos a abandonar totalmente o drama mental da interpretação e ficar simplesmente presente na nossa experiência, então permitimos que o sentimento siga o seu curso natural.

Nossa relutância e indisposição para sentirmos plenamente parece ser impulsionada principalmente pela fuga da dor. Quando queremos vivenciar o prazer, fugimos da dor, o que nos leva a bloquear e resistir ao fluxo de sensações da energia. Isso não só nos separa da experiência direta do prazer como aciona nossas sempre crescentes demandas por experiências intensificadas. Paradoxalmente, também aumenta o nosso sofrimento. Como diz o ditado, aquilo a que você resiste, persiste.

Freqüentemente, o que chamamos de dor ou tensão é um engarrafamento ou bloqueio desse fluxo de sentimento — uma contração, como o aperto do punho. Essa mesma fuga do desagradável prende o desagradável no lugar, e permite que se transforme em algo pior. Quando ficamos suficientemente conscientes de que estamos contraindo, somos capazes de nos soltar, da mesma maneira como podemos relaxar o punho.

A chave é observar a sensação, tensão ou dor, senti-la plenamente e permitir que a contração relaxe. Isso implica vivenciar corajosamente o mal-estar da dor ou tensão. Aceitar o prazer e a dor como são também significa que permitimos que se vão. Se você tem uma dor de cabeça, a disposição de ser perceptivo e vivenciar a dor permitirá que a dor de cabeça passe. As sensações são dinâmicas, estão em movimento, e é só o nosso apego que as perpetua. Sentir completamente uma sensação a libera para desaparecer.

Instrumentos de Mestria   145

O exame do corpo pode ser feito sentado de pernas cruzadas no chão ou sentado confortavelmente numa cadeira, ou deitado de costas, com os braços nas laterais e as pernas estendidas, com os pés separados uns trinta ou sessenta centímetros um do outro.

Comece acompanhando a respiração durante uns poucos minutos. Então ponha a sua atenção nos dedos do pé direito e perceba as sensações ali. Pode haver coceira ou dormência, ou você pode sentir a pressão do sapato. Apenas perceba as sensações nos dedos. Se há tensão ou dor, sinta-a completamente e deixe-a passar. Mantenha plena atenção nos dedos do pé direito por cerca de dez segundos.

Então transfira a sua atenção para a sola do pé direito e perceba a sensação ali. Se sentir tensão ou dor, apenas perceba a sensação como ela é e deixe-a passar. Mantenha a sua atenção ali por dez segundos, percebendo as sensações na sola do pé.

O objetivo é seguir o mesmo procedimento para todas as partes do corpo, dos dedos dos pés ao topo da cabeça. Uma boa ordem a seguir é:

Pé direito: dedos, sola, dorso, topo e tornozelo
Perna direita: canela, panturrilha, joelho, coxa, nádega
Pé e perna esquerdos: mesma ordem
Tronco: genitais, região púbica, intestinos, estômago, órgãos internos, diafragma, abdômen, pulmões, peito, seios, ombros
Costas: região inferior, média, superior; escápulas, base do pescoço
Braço direito: pulso, mão, nós dos dedos, dedos, palma da mão
Braço esquerdo: mesma ordem
Pescoço, queixo, maxilar, boca, lábios, língua, bochechas, músculos faciais
Olhos, órbitas, pálpebras, nariz, testa, têmporas, lados da face, cabeça, orelhas
Crânio e topo da cabeça

Certifique-se de dedicar pelo menos dez segundos inteiros a cada parte do corpo, percebendo as sensações ali.

Tendo atingido o topo da cabeça, simplesmente deixe a sua percepção fazer livremente um exame do corpo, observando e percebendo as sensações predominantes, onde quer que possam surgir. Mantenha a atenção nas sensações físicas, sem se ocupar de pensamentos. Sempre que ocorram conceitos, volte a atenção para a área das sensações.

Observe que esses sentimentos estão continuamente surgindo, se aguçando e se dissipando pelo seu corpo. As sensações crescem e diminuem, fluem e refluem, como ondas no oceano da energia básica da vida. Se você simplesmente se mantém aberto, permitindo e sentindo, esse grande reservatório o alimentará e revitalizará.

Depois de completar o exame corporal, volte a acompanhar a respiração e relaxe mais profundamente nela. Permaneça nesse estado de profundo relaxamento até ficar pronto para sair. Reoriente-se, mexendo os dedos das mãos e dos pés, girando a cabeça para um lado e para o outro, mexendo o tronco, abrindo os olhos e gradualmente mexendo o corpo até se sentir orientado.

É melhor escolher um local confortável, tranqüilo, em que você não seja interrompido. Leve pelo menos uns trinta minutos para todo o exame corporal, e acrescente tempo extra para permanecer em relaxamento profundo no final. Se isso for feito em grupo, certifique-se de levar pelo menos vinte minutos para a sua reorientação e período de conversa depois do exercício, antes de terminar a sessão. Esse exercício produz estados de relaxamento muito profundos, e as pessoas precisam de tempo suficiente de reorientação antes de retornar às atividades regulares. Pela mesma razão, ele é especificamente recomendado na hora de dormir, para aliviar a insônia e outros distúrbios do sono. Praticar esse processo na hora de dormir libera as tensões acumuladas durante o dia, que normalmente perturbariam o sono, e assim favorece o sono profundo e repousante.

A prática regular do exame do corpo desenvolve uma consciência sensitiva da nossa condição física e emocional. Libera a energia que ficou armazenada no corpo, freqüentemente por longos períodos, que pode tomar a forma de *stress*, doença e mal-estar. Variações dessa técnica são usadas em clínicas de controle da dor e da tensão, e numa ampla gama de enfoques holísticos de cura. A técnica também nos ensina a monitorar e afrouxar a tensão quando ela surge, prevenindo o desenvolvimento de novo *stress*, e a aumentar o bem-estar e a vitalidade do corpo. Essa prática cria uma equanimidade e estabilidade internas que lhe permitem processar prontamente reações emocionais automáticas e reagir apropriadamente a situações desafiadoras com coragem e compaixão. A maior sensibilidade à energia o coloca em contato mais direto com o seu entusiasmo inerente e a realização da sua verdadeira natureza.

A Intuição

Tranqüilizai-vos e reconhecei... — Salmos 46:10

Fui criado num lar em que a percepção extra-sensorial era uma ocorrência comum na vida diária. Meu pai era um médium nato que se dedicou a isso como um *hobby* durante toda a vida, e por muitos anos praticou profissionalmente. Embora eu soubesse que ele era "diferente", ainda assim tudo me parecia perfeitamente normal: o fato de que podemos ler o pensamento dos outros ou ter premonições do futuro ou simplesmente saber o que fazer. Ele dizia que tudo era consciência, e que todas as mentes individuais se juntam na Mente Única, que não é obstruída pelo tempo e pelo espaço em sua comunicação com todas as suas formas aparentes. A consciência universal se comunica por meio da mente individual e com ela, da mesma forma que os neurotransmissores levam mensagens entre o cérebro e as células do corpo, ou *lasers* de luz transmitem *e-mails* por meio do servidor para cada computador, e de volta também.

Nossa compreensão do fluxo de inteligência num sistema total pode ajudar a derrubar o tabu cultural desenvolvido pelo pensamento racional, lógico, científico contra o modo místico e intuitivo de saber. No atual despertar da consciência, há um crescente reconhecimento de que a intuição é uma capacidade que todos nós temos, e uma forma legítima de saber. À medida que nos abrimos a ela, ela serve à sua função natural de revelação, e nos guia através do mistério.

A palavra intuição deriva do indo-europeu *teu*, que significa "prestar atenção, voltar-se para", e do latim *intueri*: "Olhar para ou em direção a, contemplar, observar ou proteger." O seu mais recente predecessor em nossa língua é do inglês medieval *intuycion*, que significa "contemplação". Aqui o significado básico é o saber que emerge ao nos voltar para dentro.

Podemos definir a intuição como o ato ou a faculdade do saber direto e imediato, sem o uso de processos racionais e lógicos. Ela vem em formas mentais, emocionais, espirituais ou físicas que nos dão acesso direto à consciência mais profunda, ao desconhecido, à criatividade, à inspiração e à orientação divinas. É a nossa melhor maneira de entrar em contato conosco, ou, mais precisamente, a maneira como o Eu conhece a si mesmo.

Todos temos intuição, vez por outra, embora não a reconheçamos pelo que ela é. É amplamente usada por gente de negócios e líderes que têm de agir decididamente em situações de alta ambiguidade. É indispensável para trabalhar com a incerteza e a informação insuficiente, que levam muito tempo para ser processadas somente através de análise racional. Ironicamente, a atual explosão de informação que se expande infinitamente, na realidade, significa que temos comparativamente menos informação disponível, e assim temos uma necessidade ainda maior de confiar no nosso próprio julgamento. Em ocasiões de mudanças rápidas nos mercados, na

148   *A Sabedoria no Trabalho*

política e na tecnologia, a intuição pode ser o guia mais rápido para a ação quando houver sobre nós uma pressão por resultados.

Nos negócios, importantes decisões são tomadas "seguindo um palpite" ou "seguindo o faro". Muita gente de negócios, contudo, reluta em reconhecer que usa a intuição, pois ela não se conforma ao processo de tomada de decisão aceitável, firme, baseado em dados, razão e lógica. Ainda assim, muitos executivos de negócios que usam a intuição ativamente em sua vida diária e no trabalho foram chamados de "intuitivos extrovertidos". Os líderes e gerentes poderiam certamente se beneficiar se explorassem os seus recursos e sabedoria interiores, encontrando a calma necessária em crises ou situações estressantes. A intuição é essencial para formar uma visão de novas possibilidades, estimular a criatividade e a inovação, contratar, escolher clientes, saber quando abandonar estratégias ineficazes e até mesmo investir e determinar fusões e aquisições.

Minha experiência pessoal e estudo da intuição revelam que ela vem por meio de três canais principais: a mente, o corpo e circunstâncias sincronísticas.

Ela aparece na mente como introspecção, pressentimentos, visões, sonhos, ouvir vozes ou sons, o "Ahá!" criativo de uma solução súbita ou inferência brilhante. Traz uma percepção de como as coisas se relacionam, um vislumbre do grande panorama. Quando altamente desenvolvida dessa maneira, é freqüentemente chamada de percepção extra-sensorial, clarividência, telepatia, pré-cognição ou, simplesmente, revelação.

Quando vem por meio do corpo e sentimentos relacionados, a intuição aparece como sensações físicas, impulsos de energia, emoções sutis ou poderosas, empatia ou mesmo dor. Conta-se a história de que Einstein, quando desenvolvia equações no quadro-negro, podia dizer, pela dor nas costas, que tinha errado o cálculo. É fascinante, com respeito às "sensações que vêm das entranhas", o que uma pesquisa de psiconeuroimunologia mostrou: que há receptores nos intestinos que recebem neurotransmissores do cérebro. As sensações que vêm das entranhas podem ser na verdade o chamado de nossos *bips* celulares, que vibram quando há um chamado da inteligência central!

A intuição vem também por meio de ocorrências sincronísticas em que aparentes coincidências, ou eventos fortuitos, revelam um padrão profundo de significado — por exemplo, a unidade subjacente da vida — ou a presença da orientação divina. Chamamos de sincronicidade quando topamos com amigos exatamente quando precisávamos deles, ou quando, ao acaso, abrimos a página de um livro e nossos olhos caem imediatamente na mensagem que responde a uma questão urgente. Na unidade da existência acidentes não existem, desde que entendamos que o universo não existe para satisfazer a nossa vontade.

A intuição tornou-se muito importante para mim. Embora permanecesse latente durante a maior parte da minha vida, a despeito da influência de meu pai desde cedo, eu agora vivencio a intuição freqüentemente. É, cada vez mais, a minha principal maneira de reagir ao fluxo da vida. Sempre que tenho de tomar decisões difíceis, minha escolha tem que me fazer sentir-me bem, a despeito do que a minha compreensão racional diga sobre ela.

Meu processo se inicia com a abordagem lógica padrão. Reúno toda a informação que puder, penso sobre os prós e contras racionalmente, considero os argumentos, faço uma lista de opções e possíveis resultados. Então apenas me sento com isso em mente e medito. Visualizo diferentes resultados possíveis, atento ao que pode aparecer no quadro e ao modo como percebo isso em meu corpo. Focalizo primeiro um resultado e sinto as sensações, em geral no peito. Então focalizo outro possível resultado, e ajo da mesma maneira. Às vezes fico rígido, tenso, teso, ou tenho sensações letárgicas. Algumas vezes sinto júbilo, alívio, energia. Fico com isso. Usei esse método em incontáveis exemplos, e não me arrependo.

Muitas vezes a "resposta" não vem imediatamente. Nesses casos admito que não sei o que fazer e delego a questão ou decisão ao inconsciente, confiando que algo surgirá na ocasião apropriada. Assim, tiro minha mente do assunto, faço outras coisas, e vejo o que acontece. As intuições desejadas realmente borbulham, muitas vezes para o meu desconforto, no meio da noite ou no exercício de bicicleta. Assim, acostumei-me a carregar comigo um bloco de anotações ou um minigravador para registrar a intuição fugidia, antes que ela desapareça. Estou começando a suspeitar de que há alguma relação inversa entre intuição elevada e perda de memória. Talvez a disposição de ficar vazio, de não reter ou acumular "conhecimento", mantenha o receptáculo aberto e suscetível para receber o fluxo de intuição e orientação.

Um crescente número de livros, alguns deles listados na bibliografia, dá informações úteis sobre como cultivar a capacidade para viver e trabalhar mais intuitivamente. Por enquanto, eis aqui um processo simples para se voltar para dentro e prestar atenção na voz interior:

Como a intuição geralmente vem sem ser solicitada, quando você não está "tentando", é essencial desenvolver uma receptividade calma, alerta. Isso é um desafio real para a maioria das pessoas, cuja contínua tagarelice mental acaba com a possibilidade de intuição. Os instrumentos já discutidos neste capítulo proporcionam maneiras de cultivar a receptividade. A essência da abordagem é:

1. Relaxe o corpo. Deixe-se ser. Afrouxe o punho, a contração, o esforço, a tentativa. De certa forma, é como dormir acordado. Você larga o mundo, a sua mente, o seu corpo, e apenas é.

2. Fique quieto e escute. Deixe a atividade mental cessar e observe o silêncio entre os seus pensamentos. O conhecimento vem por meio da percepção silenciosa.

3. Entregue-se. Abandone a necessidade de manter o controle. Abandone toda intenção, todo esforço individual. Disponha-se a não saber. Embora possa ser assustador, enfrentar o medo de perder o controle abre você para um conhecimento mais profundo e a verdadeira confiança. Isso significa abandonar o apego de ser um indivíduo que tem de fazer algo, de obter algo, de saber algo. Uma cultura baseada solidamente no individualismo tem o enorme desafio de abandonar a sua crença no todo-poderoso "eu" individual. A intuição é o conhecimento que surge quando abandonamos o "eu-pensamento" e permanecemos acordados. A mais profunda espiritualidade requer essa entrega ao processo maior, o poder mais elevado cuja orientação buscamos.

Podemos ver o processo de intuição de dois pontos de vista, simultaneamente. Na estrutura dualista, a mente individual se torna o receptor, o canal e o tradutor da criatividade e sabedoria do Eu universal. Ela se beneficia dessa sabedoria e a usa em seu impulso para a individuação e a autotranscendência. Na realização não-dual, em que o "eu" se dissolve, é revelado que você *é* o conhecimento, em vez de meramente a pessoa que recebe a intuição. Aqui, conhecimento, conhecedor e conhecido são a mesma coisa. A intuição é o modo como a consciência se conhece, o modo como o Eu universal participa conscientemente como um indivíduo no mundo da ação.

Na Intuition Network Conference de 1996, a que eu assisti, especialistas em intuição de todo o mundo trataram de muitas questões sérias sobre intuição: Ela vem na verdade de Deus ou do divino dentro de nós, ou meramente do ego inconsciente? É realmente uma introspecção confiável, ou expressa apenas uma perturbação emocional ou um medo? Pode ser usada para motivos egoístas, de interesse próprio? É apropriado encorajar outros a usarem-na quando não sabemos quais são as suas motivações — ou quando sabemos que as suas motivações básicas são provavelmente grosseiras ou gananciosas? Quando devemos compartilhar uma intuição aberta e ativamente, e quando devemos ser apenas sutis e facilitar a compreensão dos outros para intuir por conta própria? Precisamos ser claros sobre nossas intenções ao usar a intuição? A intuição é sempre certa? Usamos o conhecimento que advém dela para manipular os outros e influenciar resultados? Como podemos evitar o materialismo espiritual, quando a tendência atual do ego tenta se apropriar da informação mais pura e sutil para satisfazer a ganância pessoal, tudo em nome do propósito espiritual?

Em resposta, os peritos sugeriram diversas precauções e possíveis soluções a essas questões. Primeiro, os praticantes da intuição devem assumir total responsabilidade por si mesmos. Você tem de ser genuinamente amoroso em sua motivação, e absolutamente honesto consigo mesmo sobre qualquer desvio dessa motivação, ou qualquer corrupção dela. Quando expressar uma intuição aos outros, faça-os saber que o que você vê é uma possibilidade, não uma certeza. Use sempre a intuição a serviço da harmonia humana, compreendendo que a intenção é tudo. Respeite totalmente o silêncio, e confie em que a integridade absoluta da sua alma não será destituída de ética. Assuma a atitude de "O que deve ser será", e permaneça humilde na presença do poder supremo, como salvaguarda constante contra a presunção egoísta. Simplesmente seja honesto quanto à maneira como trabalha intuitivamente, e faça o melhor que puder. Confie em que o que genuinamente provém da fonte se desdobra perfeitamente, incluindo qualquer correção de que você precise ao longo do caminho.

O Silêncio

Só a experiência do silêncio é o conhecimento real e perfeito.

— Ramana Maharshi

Ao longo deste livro, freqüentemente tenho me referido ao papel crucial do silêncio. Ele é a chave da intuição, do escutar, da humildade. É o portal tanto para a individuação como para a transcendência. É um dos mais profundos e, mesmo assim, o mais simples e prático dos instrumentos para o local de trabalho consciente. O silêncio pode se evidenciar no trabalho de muitas maneiras. Estou iniciando, com uma freqüência cada vez maior, as minhas sessões individuais e de grupo com alguns momentos de silêncio, como uma maneira de as pessoas "chegarem", relaxarem, tirarem da mente a reunião anterior e estarem presentes no nosso trabalho. Também o usamos na preparação para certos exercícios auto-reflexivos, ou para organizar os nossos pensamentos antes de um diálogo de grupo. Constato que cada vez mais as pessoas apreciam a prática em virtude desses pequenos benefícios.

De uma forma mais sutil, o silêncio surge no trabalho na disposição de permanecer calados quando nada temos a dizer. Reflete-se em nossa abertura a novas idéias; no nosso desejo de limpar as incrustações acumuladas de antigos hábitos, teorias, premissas; de ficar vazio e de deixar que a criatividade surja. É incentivado mediante o desenvolvimento de uma cultura no local de trabalho que encoraje as pessoas a admitir que podem não estar sempre certas, a não ter respostas fáceis para tudo, a entender que não faz mal errar e admiti-lo. Nesse silêncio organizacional, uma nova voz pode surgir, novas visões podem aparecer, inovações e novas orientações podem ocorrer.

Inicialmente, podemos vivenciar o silêncio como a ausência de som. É quieto, pacífico, um grande alívio. Amamos o silêncio, nós o buscamos. É um contraste claro com o ruído da nossa vida e o falatório diário da mente.

Assim, nós o cultivamos, fazemos dele uma prática. Aprendemos a deixar passar pensamentos e a nos concentrar nos espaços silenciosos entre eles. Aí encontramos paz. Escutando o silêncio, vi claramente que não preciso aquietar a mente e restringir o pensamento. O silêncio entre os pensamentos me atrai com a força de um buraco negro. Tem uma atração magnética que gera em mim uma disposição, um anseio de escutar mais profundamente, de ceder a ele, de imergir nele. É como fazer amor com o silêncio, tanto um completo abraço como uma submissão a ele. Esse escutar é a consciência voltando-se para si mesma, sentindo a força gravitacional que ela tem em si mesma, chamando-a de volta para casa.

É maravilhoso, e mesmo assim podemos começar a julgar os nossos esforços quando temos pensamentos ruidosos, ocupados. Pensamos então que não o estamos fazendo bem, que não estamos quietos. Você descobre que não consegue se *manter* quieto. A quietude já está aqui. Você começa a observar que, à medida que permanece no espaço silencioso entre os pensamentos, ele se expande e se aprofunda. Você vê que ele é realmente espaço — o vazio em que tudo existe. O espaço infinito em que os planetas e galáxias existem, em que todo o universo existe, é o mesmo espaço em que toda atividade mental vem e vai. Esse espaço é o silêncio.

Instrumentos de Mestria   153

A magnificência desse silêncio permite que tudo — som, pensamento e ação — ocorra dentro dele. Os pensamentos têm lugar no silêncio. Eles vêm e vão, e o silêncio está sempre ali, da mesma forma que o céu é o contexto do clima. O clima vem e vai. É transitório, mutável, efêmero. O silêncio é imutável, intemporal. Como o espaço vazio, ele é destituído de qualidades.

Então você entende que o silêncio é a fonte a partir da qual tudo surge, em que tudo habita e para onde tudo retorna. É a essência subjacente sem forma, que está constantemente dando origem à forma — pensamento, voz, som —, como o oceano para sempre dando origem às ondas. Sempre mudando, as ondas se levantam do oceano, sendo sempre a expressão do oceano, e quando retornam a ele, elas se vão para lugar nenhum. Onda e oceano são uma coisa só. Silêncio, pensamento e atividade são uma coisa só. O silêncio não é uma antítese passiva da ação e do pensamento, mas o sempre presente e vasto pano de fundo da vida ativa.

Finalmente, você entende que nada obstrui esse silêncio, que o pensamento não é nenhuma perturbação do seu ser silencioso. Vê que todo pensamento surge nesse oceano de silêncio, e não o perturba. Por que o oceano haveria de se importar se tem ondas, se está turbulento ou calmo? As profundezas não são afetadas pela superfície.

Assim, viva a partir das profundezas do silêncio, e desfrute a atividade da superfície sem se apegar. Ame toda a atividade da nossa condição de humano, nossos pensamentos, sentimentos, experiências físicas. Aceite-os como expressões da nossa profunda natureza verdadeira, que é sempre clara e imaculada. Nesse silencioso ser-consciência está o puro conhecimento, que conhece a si mesmo.

Ser Consciente

A atenção ao nosso próprio Eu, que está sempre brilhando, a única realidade indivisível e pura, é o meio direto, infalível de entender o ser não condicionado, absoluto, que você realmente é.

— Ramana Maharshi

A maioria das técnicas de meditação concentra a atenção num objeto. Somos encorajados a nos concentrar na respiração, em pensamentos, frases, imagens, sentimentos, sensações físicas ou ações. Embora esses métodos sejam relativamente úteis, todos eles reforçam a crença na existência de um pensador separado, e no final sustentam a ilusória divisão sujeito-objeto.

Eles provêm do conceito — e o reforçam — de que há um indivíduo separado buscando entendimento, realização, totalidade ou alguma outra meta maior. Em algum ponto dessa busca fica claro — se você tiver sorte — que a crença num buscador praticando para chegar a algum lugar *é em si mesma o obstáculo* ao conhecimento direto de quem você é e sempre foi.

Nessa clareza, o "eu" individual reconhece a necessidade da sua própria dissolução. Embora, a partir do ponto de vista egóico, pareça que a prática o capacita a atingir a sabedoria unitiva, no limiar do despertar você intui que a prática existe principalmente para exaurir a luta do "eu" separador. Ao ceder a isso, a sua natureza verdadeira se revela.

A tradição Advaita (não-dual), como ensinada por Ramana Maharshi e H.W.L. Poonja, vê através da aparência do indivíduo separado a realidade subjacente indivisível. Eles nos aconselham a trazer a percepção de volta ao próprio buscador aparente, a encarar o "eu" que pensa que está meditando. Faça a pergunta final "Quem sou eu?", concentre a atenção nesse "eu" e busque a sua origem. De onde vem esse "eu"? De onde vem o "eu-pensamento" que sustenta a separação? O principal é não surgir com alguma resposta intelectual, mas de preferência voltar-se diretamente para si mesmo.

Isso descreve uma mudança sutil na atenção. Em vez de olhar para os objetos da percepção, você volta a consciência para si mesmo, e *fica consciente de estar consciente*. Em vez de se concentrar em pensamentos, você se concentra no conhecedor dos pensamentos; no sujeito consciente, em vez de nos objetos percebidos; naquele que vê, em vez de naquilo que é visto. *Quando a percepção vê a si mesma, a divisão entre um sujeito observador e um objeto observado desaparece.* Enfrente o buscador e o buscador se dissolve. Volte-se para o questionador e a resposta estará presente como a sua própria natureza. Há exclusivamente percepção percebendo a si mesma. Instantaneamente, aí surge a alegria do auto-reconhecimento, a felicidade da liberdade. Você regressa à fonte de todo pensamento, de toda a busca e procura a fonte da qual identidade, sujeito e objeto se originam. Essa fonte é você. Eis aí o Eu que você sempre foi, a presença que sempre esteve ali, o nosso silencioso ser indivisível.

Nessa graça, você vê que toda prática e estratégia de sobrevivência eram nada mais que o jogo da consciência. Quando se acorda do sonho, fica claro que ninguém foi a lugar algum nem atingiu nada, que todo o processo que chamamos de prática *era* o sonho. Ninguém está meditando, ninguém está declarando, ninguém está visualizando, ninguém está intuindo. Tudo isso é a representação do Eu.

Instrumentos de Mestria   155

A percepção que se reconhece como consciência-fonte é conhecimento puro, sem mediação. *"Eu sou o que sou"* é a auto-intuição do ser-consciência que sabe o que é. Isso não é algum "outrem", mas o que somos, o substrato desperto dentro de tudo. Você não pode saber disso por meio da mente, porque a mente não pode compreender ou apreender a sua origem. Pode apenas curvar-se a ela no silêncio. Quando a onda-consciência individual se volta inteiramente para encarar a si mesma, é revelado que você é, e sempre foi, o oceano, e que todas as ondas — pensamentos, sentimentos, sensações, ações — são as projeções da sua própria consciência. No mistério de que tudo é você, a liberdade e alegria tão buscadas está aqui e agora.

Descubra qual é o fundamento da Consciência. Dispa-se do conceito de "eu" e mergulhe no oceano da Existência-Consciência-Êxtase. Você é isso. Você tem de buscar o seu Eu imediatamente. Não adie.

— Poonjaji

VII

A LIBERDADE NO FLUXO DE TRABALHO

A Liberdade no Equilíbrio

Como, então, podemos viver a realização da nossa verdadeira natureza no trabalho diário? Acabei por constatar que podemos descobrir nossa liberdade no trabalho no equilíbrio sutil entre ser e fazer. Esse equilíbrio nos permite fazer o melhor possível, enquanto sustenta a nossa percepção, realização e bem-estar. É uma maneira de estar plenamente engajado no trabalho e ao mesmo tempo desapegado dele, de estar sinceramente presente e habilmente envolvido, embora não estando agarrado a ele. Podemos estar atentos à minúcia do detalhe, e mesmo assim ver através de tudo com uma visão transcendental libertadora. É uma maneira de assumir uma atitude responsável, comprometida e ainda assim fluir com o todo. Quero compartilhar a minha descoberta dessa liberdade e de como ela pode ser vivida no processo diário de dar nossa contribuição plena ao trabalho.

A Separação

Por muitos anos lutei com o dualismo fundamental que aflige muitos buscadores no caminho espiritual — a separação entre o trabalho "interior" no nosso desenvolvimento espiritual e o trabalho "exterior" da família e de ganhar a vida.

Depois de 25 anos de estudo e prática da tradição não-dual, eu deveria saber melhor. Eu sabia teoricamente que o interior e o exterior não estão realmente separados, que todas as dualidades são expressões de uma realidade única subjacente que é a fonte e a essência de todas as coisas. Se tudo é uno, se há somente o Eu universal, então tudo é atividade da totalidade. Na realidade não existe nenhuma divisão entre sujeito e objeto, entre quem faz o trabalho e o trabalho sendo feito. Contudo, isso continuava sendo um conceito intelectual para mim, algo que eu podia verbalizar bem, mas que, na verdade, eu não vivenciava como minha experiência diária. Continuei a manter essa separação na consciência, e assim, experimentava a dor dessa divisão e a ardente necessidade de encontrar integração.

Deixei o meu primeiro emprego, o cargo confortável de professor de história na Universidade de Cornell, em 1973, para continuar os meus estudos e práticas espirituais em tempo integral. Depois de cinco anos no campo de batalha egóico dos acadêmicos, estava convencido de que não poderia encontrar bem-estar e auto-realização no ambiente altamente competitivo da Ivy League. Esgotado pelo meu próprio *stress*, ambição e perfeccionismo, afastei-me de uma situação segura e bem paga para seguir a jornada rumo ao desconhecido. Essa jornada envolveu 25 anos de estudo e prática de meditação, yoga e outras disciplinas, com reconhecidos mestres mundiais, incluindo dois anos de treinamento zen intensivo com Joshu Sasaki Roshi, e imersão numa ampla variedade de trabalhos pessoais de crescimento com professores talentosos. Embora tudo isso certamente me tenha beneficiado de muitas maneiras, também, paradoxalmente, reforçou a divisão dualista.

Eu tinha feito uma clara distinção entre o mundo corrompido e a pureza da vida simples. Sentia-me compelido a viver nos bosques, a fugir da economia do dinheiro e da civilização, a viver com simplicidade e a encontrar a pureza interior. Por sete anos vivi sem trabalho remunerado. Por alguns anos vivi de minhas economias, numa casinha idílica na mata, sem água corrente nem eletricidade e com aquecimento a lenha. Comecei a praticar meditação e estudei os sábios clássicos. Depois me mudei para uma comunidade rural também rústica, com forte compromisso com a meditação e o amor, em que todo trabalho era serviço puro para a comunidade.

Ali provei pela primeira vez a possibilidade de verdadeira integração no trabalho: o trabalho que serve a um propósito mais elevado, que reflete a minha visão e minhas crenças mais profundas, que é um ato de rendição e devoção. Isso não era trabalho como eu o conhecera antes. Meu tempo de serviço, de apanhar e rachar lenha, de carpintaria e construção de casas, de jardinagem e de cozinha, foi todo uma deliciosa dança de alegria. Era um relacionamento real com amigos que eu amava e com quem gostava de trabalhar. Era uma expressão natural de quem eu era, das minhas capaci-

158   *A Sabedoria no Trabalho*

dades e preferências. Na verdade era divertimento, e sempre senti profunda gratidão por essa grande sorte.

Então, em 1980, como o centro de meditação se dissolveu, minha mulher, nossa filha pequena e eu regressamos à cidade, e tornei a entrar na correnteza do mundo de trabalho para "ganhar a vida". No processo de constituir um negócio bem-sucedido de treinamento, consultoria e orientação de lideranças, as velhas preocupações de sobrevivência e de separação dualista, que estavam submersas, surgiram novamente. Enquanto estava empenhado no meu trabalho como prática espiritual — vendo tudo como meditação e serviço para os outros — o *stress* e a ansiedade que pensei ter deixado para trás retornaram. Precisava de interrupções regulares no trabalho, para fazer retiros periódicos de yoga e meditação, de forma a vivenciar a sensação de totalidade, paz e bem-estar, que eu sabia ser a minha natureza verdadeira. A profundidade dessas experiências de retiro apenas intensificou a demanda ardente por maior harmonia entre o trabalho e eu mesmo.

O *Koan* da Liberdade no Trabalho

No treinamento zen, o mestre dá ao estudante um *koan* sobre o qual meditar, uma questão misteriosa, paradoxal, tal como "Qual é o som de uma mão batendo palma?" A pergunta, que não tem nenhuma resposta conceitual, se destina a romper a segurança intelectual da mente e revelar, no silêncio da não-mente, o conhecimento intuitivo. O ardente *koan* que mantive na vida, enquanto dava andamento ao meu negócio de consultoria, foi: *Como posso estar inteiramente comprometido com o trabalho e mesmo assim ser livre? Como posso estar imerso no dia-a-dia da vida de família, trabalho, amigos, em meio a um ambiente urbano, ativo, e ser plenamente perceptivo? Como posso lidar com os intermináveis detalhes e pressões da vida responsável e permanecer concentrado, pacífico, aberto e afetuoso?* Toda a minha pregação e palavras sábias não teriam valor sem essa compreensão.

Em 1990, meu velho amigo de caminho espiritual Lal Gordon falou-me de um mestre indiano que estava ensinando exatamente o que eu buscava: liberdade inteiramente desperta em meio à vida diária. H.W.L. Poonja, um profissional ativo, bem-educado e engenheiro de minas na Índia, iluminou-se em 1947, por intermédio do seu mestre Ramana Maharshi, e continuou depois da sua transformação a trabalhar para ganhar a vida, para sustentar a sua grande família. Poonjaji — ou Papaji, "querido pai", como é chamado por seus muitos alunos pelo mundo afora — oferecia ensino gratuito a todo mundo na cidade comercial movimentada e barulhenta de Lucknow, no norte da Índia.

A Liberdade no Fluxo de Trabalho   159

Francamente, eu não estava interessado em um guru. Já tivera muitos mestres espirituais na vida. Acima de tudo, eu era especialmente atraído por caminhos que enfatizavam a autoconfiança. Não buscava alguém a quem me entregar e seguir. Naturalmente, tive uma vida de teimosia, arrogância e resistência à autoridade e ao controle. Embora fosse tudo em nome da independência, mascarava também um medo de amor, intimidade e vulnerabilidade. Só muito tempo depois compreendi que era essa tendência orgulhosa que sustentava a dolorosa separação do meu Eu verdadeiro e reforçava a distinção entre espírito e trabalho. Este rebelde simplesmente se recusava a se render — a menos, naturalmente, que houvesse algo muito grande para mim.

Em 21 de setembro de 1991, segui o meu mais profundo anseio, sentindo que havia ali algo muito grande para mim. Escrevi a Papaji: "Pode me ensinar como viver plenamente desperto e livre como Quem Eu Sou, dentro do contexto da vida familiar e dos meus compromissos para sustentar a família, por meio de atividades profissionais como treinador e consultor?"

Para minha surpresa, três semanas depois recebi a sua carta manuscrita, em que ele dava um sonoro sim, convidando-me a visitá-lo na Índia, e afirmava:

> Está convidado a vir aqui sempre que lhe convier. Sempre que o desejo por liberdade surge em uma mente, tem que ser dada preferência de atendimento o quanto antes, no mesmo momento, sob pena de essa chama não se mostrar mais. Esse é o instante que se tem para mergulhar interiormente, para descobrir a Fonte dessa Consciência Interior. Faça uma pergunta ao seu Eu: "Quem sou eu?" Agarre-se ao "eu", busque de onde o "eu" surge. Vá além, não faça esforço, não carregue consigo qualquer intenção, idéia ou noção. Não é preciso perturbar a rotina de vida-família-mulher-filhos-filha [...] Primeiro você encontrará o seu próprio Eu, e mais tarde encontrará o Eu em todos os seres.

Finalmente me encontrei com Poonjaji na Índia, em 23 de março de 1992. Ele tinha oitenta e poucos anos. Não tinha nenhum *ashram*, não aceitava nenhum dinheiro, vivia com simplicidade numa casa modesta, e se reunia com seus alunos em um bairro comum nos arredores da cidade. Não queria nenhuma devoção, nenhum seguidor, e não cultivava nenhum apego à sua pessoa. Toda a sua concentração estava em partilhar o caminho simples da libertação, e sua maior alegria era que você chegasse lá e retornasse para a sua vida. Muitos de seus alunos eram ocidentais que haviam sido atraídos para ele como eu, precisamente porque sua promessa era liberdade a qualquer tipo de apego. O seu *satsang* diário (sânscrito:

160   *A Sabedoria no Trabalho*

"em companhia da verdade") — sentar, ensinar, dialogar, contar histórias, brincar com seus alunos — não podia ser mais integrado com a vida diária. Enquanto conversávamos, o ruído do tráfego e o barulho da rua, risadas, gritaria de crianças, vendedores apregoando suas mercadorias e cães latindo estavam sempre ali, como pano de fundo.

Em meio a tudo isso, perguntei-lhe de novo como poderia ser livre e desperto em meio a uma vida ocupada de trabalho, sem fugir de nada. Ele riu e disse que não havia nenhum problema nisso. "Apenas fique em silêncio e não pense." Eu precisava somente de cinco segundos do meu tempo aqui e agora, cinco segundos completos sem pensar e sem atividade mental de qualquer espécie, e ele me levaria a algum lugar que duraria uma vida inteira. Sendo mentalmente muito literal, eu tomei suas palavras ao pé da letra, e fiquei sentado ali quieto, olhando por um instante em seus olhos e então fechando os meus e experimentando paz, alegria, escuridão e luz, experiências muito normais em minhas meditações comuns. Ele perguntou então o que eu experimentara, e quando lhe descrevi, disse, rindo: "Bom trabalho, você é um homem honesto."

Papaji pilheriava a maior parte do tempo, e imaginei que ele estava me pondo à vontade — não havia luzes fortes, nenhuma experiência de energia, nem visões, o ego ainda estava ali. Ele disse que estava certo de que eu tinha "percebido", e me perguntou se eu também estava. Eu disse: "Se você tem certeza, então também tenho." Naturalmente, eu não tinha certeza de nada, exceto de que ele estava brincando comigo. Mas ele insistiu: "Eu vou malhar você enquanto o ferro está quente. O ferro está pronto, eu sou a marreta, e agora eu golpeio. Você não perderá isso, não se esquecerá disso, estou certo." Disse que tudo o que eu tinha a fazer era tirar cinco segundos por dia para permanecer quieto e não pensar. Isso seria mais que suficiente. O Eu faria tudo.

Perguntei como eu poderia fazer o meu trabalho e não pensar. Parecia impossível. Ele disse que o meu trabalho vem da própria fonte, que está além da atividade mental. Toda a energia de que preciso para trabalhar vem desse lugar. Apenas venha para o silêncio interior em que o "eu" desaparece no Verdadeiro Eu, que está fazendo todo o trabalho.

Papaji explicou a outro aluno: "A atividade espontânea não precisa ser manipulada pelo intelecto, pela mente ou pelos sentidos. A atividade espontânea será conduzida por um poder mais elevado, e não é preocupação sua! Se você se preocupa, há a propriedade de fazer, e então o karma e o mundo reaparecem. Para se tornar um fazedor — 'eu estou fazendo' —

A Liberdade no Fluxo de Trabalho 161

você se torna responsável. Mas quando você retorna para descobrir de onde vem essa capacidade de fazer, ela o abandonará. Então alguma atividade imprevista, indescritível, tomará conta de você. Um conhecimento inexplicável tomará conta de você. Uma atividade suprema, desconhecida, tomará conta de você. Isso é atividade espontânea dentro de si mesma, e você não está no comando.

"Sempre, essa é a sua verdadeira natureza", prosseguiu ele, "o Eu, o desconhecido, que é responsável pela atividade, mas o ego a reclama [...] Você deve se render a esse vazio supremo e desconhecido e funcionar a partir daí."

Papaji descreveu a sua própria experiência desse fluxo automático de trabalho depois do seu despertar, quando continuou a trabalhar como engenheiro de minas, além de outros empregos que teve para sustentar a família: "Nos primeiros poucos meses depois da minha realização, não tive um único pensamento. Podia ir para o trabalho e cumprir todas as minhas obrigações sem jamais ter um pensamento na cabeça [...] Tudo o que eu fazia era executado sem nenhuma atividade mental. Havia um oceano de silêncio interior, que nunca fez surgir nenhuma ondulação de pensamento. Não me custou muito compreender que mente e pensamento não são necessários no mundo! Quando nos investimos do Eu, algum poder divino toma conta da nossa vida. Todas as ações então têm lugar espontaneamente, e são realizadas muito eficientemente, sem nenhum esforço ou atividade mental."

Entrando na Correnteza

Durante os cinco anos seguintes, que incluíram seis visitas à Índia para estar com Papaji, tive inúmeras experiências do fluxo misterioso de trabalho. Não posso explicar isso, exceto para dizer o seguinte: na disposição de estar em silêncio, e de voltar-me para o interior para encarar o Eu, está claro que não há nenhum fazedor independente da totalidade. Na silenciosa absorção do não-pensamento, a sensação de individualidade separada desaparece, e há a compreensão de ser uma presença eterna. É tudo apenas acontecendo no aqui e agora. Nesse engajamento completo, o indivíduo se torna uma abertura por meio da qual flui o ser-consciência-energia subjacente. A mente-corpo se move intuitivamente, harmoniosamente sensível dentro da totalidade mais ampla, como na descrição de "fluxo" no Capítulo II.

Eu me vi vivendo um grande mistério: vivia proativamente como ator individual, enquanto simultaneamente observava o fluxo desdobrado por

162   *A Sabedoria no Trabalho*

si mesmo; estava inteiramente engajado no meu trabalho e continuamente entregue à quietude em que tudo estava acontecendo; tinha uma mente ativa, criativa, e retornava repetidas vezes ao silêncio do não-pensamento; trabalhava com paixão e energia e vivia realizado e desapegado.

Na maior parte do tempo eu simplesmente estava ciente da ação ocorrendo, observando esse conjunto mente-corpo fazendo tudo o que eu fazia antes: dar um seminário, dar telefonemas, buscar clientes, falar para grupos, entrar e sair de aeroportos, alugar carros e me hospedar em hotéis, a maior parte de tudo acontecendo sem esforço, como num sonho. As maiores epifanias vinham nesse trabalho de ganhar a vida. O aeroporto, a sala de conferência, o *hall* do hotel, o escritório da empresa se tornaram meus templos; os clientes e participantes de *workshops* se tornaram meus companheiros e o meu *satsang*.

Minha experiência direta do misterioso fluxo de trabalho é expressa de melhor forma nessas anotações que fiz num diário, nas semanas seguintes ao intenso despertar na Índia em 1992:

7-4-92: Ithaca: Agora toda a informação está clara e óbvia e de fácil comunicação. Antes, a informação estava boa, contudo totalmente conceitual, vinda da memória de realizações passadas. Agora é sabedoria, vinda desse estado presente de Ser/Saber. O trabalho está somente expressando esse estado. Confie nisso. Está tudo feito. O trabalho está tomando conta de si mesmo.

Viver livre e desperto funcionalmente no mundo é espantoso. Ontem um contrato de $2.000 foi cancelado. Estava contando com o dinheiro para pagar o imposto de renda e viver durante o mês de abril. Tive um momento de desapontamento, uma leve perturbação, e então estava tudo bem. Há uma profunda e fácil aceitação do que vier. A equanimidade é o modo de vida do Eu no mundo: uma aceitação equilibrada do que vier, prazer ou dor, benefício ou perda.

Dando hoje o seminário *Transformando o Stress,* em Cornell, sou o Vazio: pacífico, aberto, inteiramente presente e relaxado, verdadeiramente capaz de ver e ouvir as pessoas claramente. Tudo é tão vividamente claro, há uma alegria muito profunda, silenciosa me atravessando. As pessoas são tão belas, e perturbadas também. Vejo suas mentes em suas faces. Minhas respostas estão vindo automaticamente, sem esforço. Não tenho idéia se elas estão ou não "corretas". Tudo me soa "de acordo".

Este seminário é muito diferente de seminários anteriores. Embora a informação seja basicamente a mesma, ela é muito mais fluente e direta, vai mais diretamente ao ponto, com menos palavrório. Ouço e deixo as pessoas falarem mais. Muita felicidade surge quando fecho os olhos, olhando para dentro da luz dourada. Sinto um pouco de tensão nas costas, um aperto no estômago:

A Liberdade no Fluxo de Trabalho   163

vem de fazer até mesmo o mais leve esforço, ou talvez de algum apego a resultados. Como posso fazer isso totalmente sem esforço, sem *stress*? Deixar o Eu fazer tudo. "Eu" não estou fazendo nada. Lembrar-me do Eu a todo momento. É real, é tudo. Ver o quão automaticamente o seminário flui através de mim como um instrumento dá mais confiança nesse processo. O Eu está verdadeiramente fazendo tudo. Isso é o que eu sou. Isso é tudo o que existe e sempre existiu.

8-4-92: Ithaca: Vejo também que o trabalho quer, na verdade exige, ser feito, e que me sinto melhor quando apenas me adianto e o faço, em vez de tentar retornar à felicidade de cultivar a quietude. A felicidade vem quando ela vem. Lembre-se, escolho a atividade de ser livre em meio à família e ao trabalho. Assim, nada disso é distração. De fato, me entregar à atividade permite que a felicidade esteja ali sem esforço. O grande vazio e paz e a luz dourada são sempre o pano de fundo e o contexto de toda atividade. Ninguém está fazendo nada, e tudo está sendo feito. A ausência de egoísmo dança perfeitamente na manifestação. Assista ao filme e se divirta! Graças a Deus, graças a Papaji.

Meu trabalho aqui está ficando claro. Ensino às pessoas como se relacionar, agir, se realizar na manifestação, como demonstrar e manifestar liberdade e amor no mundo, e fazer isso funcionar no nível prático: como lidar com a mente, emoções, etc., para a máxima eficácia, habilidade, bem-estar, sucesso. É sobre ser adequado, vindo do vazio-ser-compaixão e expressando tudo apropriadamente na vida, trabalho, relações, organizações. É tão simples e claro.

10-4-92: Ithaca: Hoje dei outro seminário durante todo o dia em Cornell. Eu estava cheio de alegria, de energia exuberante, que me levou sem nenhum esforço ao longo do dia. Eu me senti como pura percepção e presença. Que experiência maravilhosa presenciar a partir do vazio um seminário sendo dado por absolutamente ninguém. Observar as palavras fluindo da minha boca, as respostas às perguntas das pessoas, o movimento sem esforço do corpo, do quadro-negro para a cadeira, que perfeição. Cada pedacinho disso é canalizado através desse espaço vazio que sou eu. Deus está fazendo tudo, e que trabalho!

As pessoas gostaram do seminário e deram *feedback* muito positivo. Colegas que tinham me visto trabalhar antes da Índia comentaram sobre o quanto eu tinha mudado. Pouco sabiam eles. Um pequeno problema: quando a energia aumenta e o êxtase é forte, quero fechar os olhos. Se o fizer, posso desaparecer sem saber quanto tempo estarei ausente. Não é uma boa idéia, quando estou conduzindo um *workshop*, fechar os olhos e desaparecer. É um trabalho real permanecer firme na manifestação e manter os olhos abertos e estar inteiramente presente. Quando estou inteiramente presente não há distância entre nós, é como se eu existisse no espaço deles. Não é bem ser "uno" com eles, apenas não existe nenhuma distância ou separação. Isso é novo para mim agora, e continuarei a vivenciá-lo.

164   *A Sabedoria no Trabalho*

11-4-92: Ithaca: Meu comportamento mudou, definitivamente. Tanta paciência, aceitação e equanimidade com as pessoas! Ainda assim, sou muito mais direto e falo claramente. Fiquei quase chocado com o que estava dizendo ontem para as pessoas no seminário. Elas não pareciam se importar. Não estou fazendo nada disso. Observo tudo acontecendo automaticamente, inconscientemente, por conta própria.

27-4-92: Kansas City: Que dia agradável, sem esforço! Uma paz tão profunda, dando o seminário no elegante Hotel Adam's Mark para 125 pessoas, vindo de mente vazia, o seminário seguiu sem esforço, fora do tempo, como se tudo estivesse tendo lugar em um *Grand Canyon* interior de infinita quietude, apenas observando, os pensamentos voando, nenhum pensador. Tamanha quietude como o espaço de toda a atividade exterior. Que graça!

5-5-92: Papaji me escreveu: "Sua carta de 25 de abril mostra que você tem estado muito ocupado depois do retorno de Lucknow, com seminários, mostrando a eles como manter a paz enquanto ativos. Estou certo de que você conheceu o segredo [de] como se manter com as pessoas e mesmo assim não manter nenhuma ligação com ninguém, incluindo o seu próprio Eu. Toda a atividade está incessantemente sendo feita pelo Ser-Consciência por si mesmo."

12-5-92: Columbia, SC: Totalmente envolvido hoje no seminário, no automático, cuidando de negócios e detalhes. Admirado com o fluxo sem esforço ao lidar com 175 pessoas numa sala de conferência ruidosa, lotada de gente, com muitos contratempos, sem mesas suficientes, com visibilidade e som fracos, toaletes alagados, restaurante fechado na hora do almoço, etc.

13-5-92: Ithaca: Meu trabalho de ensino mudou, uma vez que flui do Eu. Permaneço em pé na sala de conferência e presencio a conversa e a ação brotando de mim espontaneamente: o próprio vazio compartilhando como forma. Desde o meu retorno da Índia, estive em dez cidades diferentes nos Estados Unidos e dei mais de quinze seminários para mais de mil pessoas.

Durante os últimos seis anos, o meu trabalho empresarial mudou radicalmente em contexto e em enfoque. À medida que a experiência de liberdade continuava a se desdobrar, eu ficava mais encorajado a partilhar os fundamentos simples da auto-realização e os princípios fundamentais da consciência dentro do meu treinamento e consultoria. Tenho sido mais seletivo nos tópicos de treinamento que ofereço, recentemente me concentrando nos tópicos que servem à auto-realização mais diretamente — tal como retiros sobre o despertar da liderança e a globalização como uma oportunidade para discutir a consciência unitiva. Descobri também uma maior eficácia e alegria nas minhas orientações individuais para líderes. Fiquei satisfeito de descobrir que alguns deles estão simplesmente tão atentos à auto-realização quanto aos aspectos específicos da individuação, pelos quais inicialmente se aproximaram de mim.

Ao explorarmos possibilidades mais profundas, compreendi que o trabalho de despertar está ocorrendo justamente nos escritórios das empresas e nas salas de conferência. Fiquei espantado ao descobrir a profundidade da experiência que os meus clientes e eu estávamos atravessando, como se estivéssemos caminhando juntos no reino desconhecido da consciência expandida.

Diz-se que o que chamamos de iluminação é, na verdade, um processo de desilusão — o despir-se de todas as ilusões sobre quem você é e o que está acontecendo, até que você chegue ao conhecimento direto, não mediado, da realidade. Todas as expectativas que eu tinha sobre uma "experiência" me ocorrer no futuro, em algum cenário típico "espiritual", foram sendo descartadas, até eu ficar diante do fato espantoso de que tudo está ocorrendo aqui mesmo no cenário de trabalho. Não precisei ir embora, não precisei me sentar numa montanha na Índia nem voltar para a floresta. Foi um sonho transformado em realidade, que eu nunca esperei que acontecesse desse jeito, muito embora tivesse pedido por isso. Como disse Papaji — e eu ouço freqüentemente sua voz dentro de mim —, o Eu está realmente fazendo tudo. Apenas fique em silêncio e deixe acontecer.

Ainda assim, muito embora os véus tenham se levantado e revelado a vasta expansão de liberdade, alguma dúvida ou questionamento continuava a se insinuar de volta, algum desejo de compreender essa magnífica realidade. Minha mente intelectual continuava a encarar isso como um enigma. Eu queria compreender e explicar a mim mesmo e aos outros como eu podia ser o indivíduo e o todo simultaneamente, como poderia haver livre-arbítrio e o fluxo uniforme, automático da totalidade. Isso se transformou numa questão ardente, um verdadeiro *koan* que se instalou no meu estômago como uma bola de ferro em brasa enquanto eu lutava para integrar esse paradoxo conceitual.

No outono de 1997, na ocasião em que Papaji faleceu, aos 87 anos, a graça da resolução sobreveio. Aconteceu durante um período de dois meses, parte do tempo gasto em trabalho de consultoria, e parte durante o meu último mês de retiro na Índia depois da sua cremação. Pareceu-me ser a dádiva final do mestre, na misteriosa transmissão de liberdade que ele oferecia tão cordialmente aos seus alunos. Uma percepção que veio tão terna e quieta como o sol nascente, um saber sem dúvida ou questionamento de que paradoxo e *koan* são meramente conceitos da mente egóica que apontam diretamente para a simplicidade do que é.

O Equilíbrio entre Compromisso e Desapego

A simplicidade do fluxo aparece no equilíbrio de estar plenamente engajado e desapegado simultaneamente. Para mim isso começa com a famosa oração de serenidade de Reinhold Niebuhr, um dos mais profundos e úteis princípios das tradições mundiais de sabedoria: "Deus, concedei-me a serenidade de aceitar as coisas que não posso mudar, a coragem de mudar as coisas que posso e a sabedoria para perceber a diferença entre elas."

A oração apresenta duas polaridades da experiência humana que cobrem a gama de caminhos que podemos tomar quando lidamos com qualquer situação ou pessoa. O princípio proativo ou controlador focaliza o que você pode mudar, e o princípio flexível ou permissivo aceita o que estiver fora do seu controle ou desejo de mudar. Descreve o yang masculino, assertivo e o yin feminino, receptivo — as duas forças complementares que impulsionam a roda da vida. Quando elas se equilibram, experimentamos a nossa plena eficácia e liberdade na vida.

O Compromisso

A coragem de mudar o que se pode mudar descreve a atitude proativa de compromisso pleno no trabalho. Para mim, esse envolvimento exigiu uma escolha básica de ser no mundo. Desde as minhas primeiras lembranças, a minha tendência inerente mais forte sempre foi a de recuar, não estar aqui, permanecer só. Quando era adolescente, eu achava apenas que eu era anti-social. Quando, mais tarde, adquiri uma compreensão espiritual, eu pensava jocosamente sobre a possibilidade de ter vidas passadas como um yogue nas cavernas. Contudo, quero visualizar isso. Tem sido um desafio supremo para mim escolher estar aqui, isto é, optar por me manter envolvido em relacionamentos e atuar na manifestação.

Escolher o nosso trabalho é libertação. Ver que a nossa vida se constitui de escolhas e respeitar essas escolhas nos liberta da mentalidade debilitante de vítimas que "tem de" trabalhar. A crença de que "temos de" fazer qualquer coisa prejudica a nossa energia de participar plenamente. Minha escolha de continuar a trabalhar tem sido exultante, liberando grande energia para eu prestar a minha contribuição. Freqüentemente, tenho esse diálogo com aqueles que pensam que "têm de" trabalhar, explicando que a

A Liberdade no Fluxo de Trabalho 167

escolha é essencial para a verdadeira motivação e responsabilidade no trabalho. Cada parte do trabalho que nos é delegado se torna nossa quando optamos. Nesse sentido, estamos apenas trabalhando para nós mesmos.

Nossa disposição de escolher nos permite ver, finalmente e com clareza, que as coisas são assim mesmo. Quando entendemos que as coisas são assim mesmo, independentemente de gostarmos ou não, finalmente fazemos as pazes com a realidade, e nessa rendição a realidade fica mais bela e nos abençoa. Quando estava em seu leito de morte, cercado por seus discípulos, que lhe imploravam para que não se fosse, o grande sábio Ramana Maharshi contemplou-os de modo compassivo e respondeu excentricamente com o seu ensinamento final: "Aonde eu poderia ir?" Escolher estar aqui revela que aqui é tudo o que há, e a armadilha de buscar outro lugar apenas nos deixa presos à busca. Ao escolher, estamos em casa em qualquer lugar.

Quando escolhemos estar aqui, a nossa atenção é liberada também. Podemos estar despertos e presentes. A plena atenção no aqui e agora é o fundamento de toda a participação eficaz no trabalho e na vida. A prática da meditação, da atenção, do escutar, libera a nossa energia para a realização bem-sucedida.

Phil Jackson, treinador do Chicago Bulls, sem dúvida um dos maiores times da história do basquete, treinou os seus jogadores na prática da atenção da mente, cujo efeito ele descreve em seu livro *Sacred Hoops*:

O basquete é uma dança complexa, que requer mudança [...] na velocidade do relâmpago. Para ser excelente, você precisa agir com uma mente clara, e estar inteiramente concentrado no que cada um está fazendo no campo. Alguns atletas descrevem essa qualidade da mente como um "casulo de concentração". Mas isso implica fechar-se para o mundo do lado de fora, quando o que você realmente precisa fazer é ficar mais agudamente consciente do que está acontecendo exatamente agora, *neste exato momento*.

O segredo é *não pensar*. Isso não significa ser estúpido; significa aquietar o interminável tumulto de pensamentos, de forma que o seu corpo possa fazer instintivamente o que foi treinado para fazer, sem que a mente se meta no caminho. Todos nós já tivemos vislumbres dessa sensação de unidade — fazendo amor, criando uma obra de arte —, quando estamos completamente imersos no momento, inseparáveis do que estamos fazendo. Esse tipo de experiência acontece o tempo todo na quadra de basquete; eis por que o jogo é tão inebriante.

Michael [Jordan] sempre sustentou que não precisava de nada "dessa coisa de zen", porque já tinha uma visão positiva da vida. Quem sou eu para discutir? No processo de se tornar um grande atleta, Michael atingiu uma qualidade da mente que poucos estudantes do zen atingem. Sua capacidade de permanecer relaxado e intensamente concentrado em meio ao caos não tem precedentes. Ele adora estar no centro de uma tempestade. Enquanto todos os demais estão girando como baratas tontas, fora de controle, ele se move sem esforço através da quadra, envolvido por uma grande quietude.

A força motriz por detrás do nosso pleno engajamento no trabalho é o compromisso. O verdadeiro processo de compromisso compreende muitas das qualidades discutidas neste livro. O compromisso é tanto a meta como a firme canalização de energia para cumpri-lo. É fundamentado na visão e impulsionado pela pura energia do nosso entusiasmo. Estamos inteiramente comprometidos quando estamos apaixonados pelo nosso trabalho, quando estamos dispostos a buscar o nosso êxtase, como recomendou Joseph Campbell. Entusiasmo, lembre-se, significa "cheio de *theos*", a divina energia do espírito. Como invocou o erudito romano Tertuliano (*c*.155—*c*.245): "Onde estiver o nosso trabalho, ali estará a nossa alegria."

Compromisso é a nossa disposição de assumir uma atitude e de sermos responsáveis pelos resultados. É uma expressão dinâmica da nossa integridade — uma promessa ou juramento de fazer algo. A palavra é uma força poderosa em nossa vida e, como vimos, um ato criativo que traz novas possibilidades. Fernando Flores, criador do *workshop* "Comunicação para a Ação", mostra que uma promessa é uma ação que vai até o cumprimento, uma contínua dedicação, ardor, perseverança em que se vive e que se renova até que se complete. Freqüentemente vejo isso como a mesma energia necessária para uma criança aprender a andar. Ela se levanta, cai, levanta, cai. Esse impulso de tornar a se levantar é o compromisso.

A grande armadilha de engajar-se dessa forma, naturalmente, é que ficamos apegados aos resultados da nossa atividade. Esse apego, então, provoca sofrimento, *stress*, raiva e desapontamentos ao reagirmos aos inevitáveis altos e baixos do nosso envolvimento. O apego ao desejo e ao medo nos mantém aprisionados na estrutura egóica, e mesmo com o melhor sucesso e eficácia que possamos alcançar no trabalho, nunca vivenciaremos a liberdade suprema dentro dessa estrutura. O desafio é engajar-se sem ficar apegado, estar plenamente envolvido e presente sem submergir no drama.

Em seu livro *The Heart Aroused*, David Whyte sabiamente mostra como o compromisso e o desapego podem andar de mãos dadas para surtir efeitos positivos no trabalho:

> Preservar a alma significa que saímos por fim do esconderijo e trazemos mais de nós mesmos para o local de trabalho. Especialmente as partes que não

A Liberdade no Fluxo de Trabalho   169

"pertencem" à companhia. *Em certo sentido, exatamente a nossa parte que não tem o menor interesse na organização é a nossa maior oferenda a ela.* [o itálico é meu] É essa parte que abre a janela da imaginação e permite a entrada de ar fresco na sala de reuniões. É essa parte que pode pôr o pé no freio quando a organização está correndo para o abismo. É essa parte que pode identificar o comportamento não ético e lembrar a todos quais são as prioridades reais. É essa parte que se recusa a envergonhar a si mesmo ou aos outros para subir na organização. Em suma, a sua identidade não está aprisionada pelo medo que impede uma organização de ter perspectivas e ser adaptável para se salvar.

A chave, naturalmente, é compreender e alimentar o desapego, que nos liberta para fazer a coisa certa.

O Desapego

Lao-Tsé ensinava que o desapego traz equilíbrio. Dizia que a pessoa que se mantém afastada de envolvimentos ilusórios naturalmente atingirá um estado de equilíbrio do ser que está além das influências de amor e ódio, lucro e perda, elogio e censura. Viver dessa maneira, ensinava ele, é viver a mais desejável das vidas.

O desapego é uma maneira de manter a si mesmo e a vida, que o livra de ficar sujeito às condições em que se está envolvido. É uma percepção penetrante do âmago da sabedoria perene, que vê através das aparências e, por sua própria natureza, cria liberação.

Por ser um posicionamento sutil, finamente perspicaz, o desapego é com freqüência malcompreendido. Assim, antes de descrever o que ele é, o melhor é esclarecermos o que ele não é. Não é fugir da vida, ou um tipo de distanciamento emocional etéreo. Nem é fastio, frieza ou falta de amor ou de atenção para com os outros. Na verdade, quanto mais estamos comprometidos com a vida, presentes e despertos, tanto mais fácil é ser desapegado.

O Reconhecimento da impermanência

Nosso desapego se fundamenta em um claro reconhecimento da impermanência básica da vida. Ao olharmos profundamente para a realidade da mudança, vemos que tudo está evoluindo, se movendo, se expandindo, contraindo, vibrando, surgindo e indo embora. A vida é um contínuo processo de transformação — nascer, crescer, amadurecer, decair, morrer. Bucky Fuller gostava de nos lembrar de que somos um verbo, não um substantivo, mais parecidos com uma corrente fluindo, não com uma pedra sólida, estática. O caráter de "coisa" dos objetos é criado pela mente, a partir da conceituação que congela o movimento dinâmico do fluxo em entidades aparentemente fixas.

A partir da perspectiva de transformação contínua, não existem coisas, só processos. Aqui está um significado do "caráter de não-coisa": nenhuma coisa permanece parada tempo suficiente para ser alguma coisa. Olhe para o ser humano: do momento em que o esperma chega ao óvulo até nos transformarmos em cinzas e pó, somos na verdade um processo contínuo de mudança. A sabedoria budista vê nesse fluxo contínuo a realidade da ausência do ser, de que não existe algo como um "ser" fixo no contínuo movimento de correntes e tendências. O ser individual nada mais é que uma idéia, que congela o movimento da corrente de tendências numa aparência de um objeto sólido, aglutinada pela memória. Ficar consciente desse vazio subjacente é desapegar-se da idéia de Eu, da crença de que haja alguma individualidade objetiva separada da totalidade.

Na verdade, "objetos sólidos" somente existem nos níveis mais superficiais da percepção humana. Como atestam as ciências ocidentais, sob a superfície da aparência física dos objetos está a realidade da contínua composição e decomposição molecular. Dentro disso está a contínua atividade subatômica de partículas e ondas, que são em si formas intercambiáveis da energia subjacente. O físico e estudioso da consciência Fred Alan Wolf mostrou que só uma pequena parte do átomo é massa, e que 99% é espaço, um vazio cheio de pura potencialidade. A insubstancialidade dinâmica básica do universo físico é descrita na visão da Filosofia Perene de que todas as manifestações surgem do movimento de energia e consciência intangíveis no espaço.

Quando percebemos que o nosso mundo está constantemente mudando e é insubstacial, compreendemos que não podemos nos agarrar àquilo que não pode ser agarrado. A maior fonte do nosso sofrimento é tentarmos nos agarrar ao inefável e efêmero fluxo de impermanência. A compreensão de que não podemos nos prender ao que não conseguimos segurar nos capacita a fluir com a mudança imprevisível, a incerteza e a ambigüidade do local de trabalho contemporâneo. Os mestres da mudança verdadeiramente hábeis fazem desse fluxo o seu lar e trabalham criativamente com a sopa quantum das possibilidades.

Ralph Waldo Emerson captou essa qualidade especial em seus *Journals*:

> A natureza sempre flui; nunca fica parada. O movimento ou a mudança é o seu modo de existência. O olho poético vê no Homem o Irmão do Rio, e na

A Liberdade no Fluxo de Trabalho   171

Mulher a Irmã do Rio. A vida deles é sempre transições. Só cabeças-duras pregam pregos o tempo todo; para sempre [...] fixando. Os heróis não se fixam, mas fluem, sempre curvando-se para a frente e inventando um recurso para cada momento.

"Fluir, sempre curvando-se para a frente", fluir habilmente com a mudança significa que temos que nos tornar flexíveis e ágeis, prontos e dispostos a nos mover em novas direções quando apropriado. Significa segurar os nossos desejos, apegos e metas de forma suficientemente leve, de forma que possamos largá-los e corrigir o nosso curso quando novas possibilidades ou a montanha irremovível surgirem. Com freqüência penso nisso como levar a vida do mesmo modo como se joga uma cartada num jogo de *gin rummy*. Você tem que estar continuamente reagrupando as suas cartas, à medida que outras lhe são dadas. Significa que está pronto para inovar, inventar um novo recurso para cada momento. Isso é a essência da espontaneidade e do aprendizado no trabalho. Conseguimos isso segurando as coisas com leveza, prontos para deixá-las ir. O exemplo mais vívido em minha vida profissional, recentemente, é a minha disposição, finalmente, de usar só lápis para registrar as flutuações sempre mutáveis em minha agenda de programação — depois de anos insistindo em usar caneta, na esperança de que isso magicamente evitasse cancelamentos.

Abrir mão

Desapegar, literalmente, significa abrir mão. Há um grande número de áreas em que temos de abrir mão das coisas se quisermos vivenciar plena liberdade no trabalho. Em primeiro lugar, é abrir mão dos retornos e recompensas. Isto é, passamos a compreender que fazemos o nosso trabalho melhor porque estamos escolhendo livremente fazer diferença, e não porque vamos receber algo de volta. Quanto daquilo que damos é uma tentativa velada de troca? Quanto de nossa produção se baseia na expectativa de obter algo como compensação? Nosso apego ao elogio, à recompensa, ao reconhecimento nos prende a manipulações sutis que amarram a nossa energia e desviam a automotivação em direção à dependência do estímulo externo. Embora eu estimule os meus clientes a elogiar e a recompensar amplamente uns aos outros, também os alerto a não depender dessas coisas, e a vivenciar a sua motivação autêntica a partir de dentro. Nós queremos dar, e nos sentimos melhor quando damos. Albert Schweitzer compreendeu essa profunda necessidade de dar a nossa contribuição livremente: "Os únicos dentre vocês que serão verdadeiramente felizes serão aqueles que buscaram e descobriram como servir."

Estou falando aqui de ver o seu trabalho como uma dádiva, como um presente sem nenhum laço amarrado. Além disso, o valor do que você faz nunca pode ser medido. Esse é o fundamento do verdadeiro serviço, que se faz porque é necessário, porque é apropriado, porque faz diferença. Pronto. Qualquer manipulação sutil de obter uma compensação, o converte em troca. A recompensa está em apenas dar. Essa é a base para o karma yoga, o caminho hindu do serviço. Como o caminho dos bodhisattvas no budismo ou o ato de caridade judeu-cristão, a atenção no serviço transforma o trabalho em um ato espiritual. Trabalhar sem expectativa de retribuição elimina os impulsos egóicos e permite que a nossa verdadeira natureza venha à tona.

Podemos também aprender a esquecer os resultados. Isso é particularmente desafiador numa cultura de trabalho baseada em medição de resultados, através de métodos de *feedback* de alto desempenho, gerenciamento por objetivos e auditorias de qualidade. Assim, o que significa ser desapegado de resultados numa sociedade orientada por resultados, concentrada em realização? Não significa padrões relaxados, nem desempenho frouxo, nem a diminuição da nossa energia e compromisso com a qualidade. Fundamentalmente, significa que você faz o melhor possível, dá o melhor de si, e então recebe o que vem. Aceita os resultados, seja sucesso ou fracasso, com equanimidade.

Papaji, que continuou a trabalhar para ganhar a vida em diversas atividades profissionais e de negócios depois do seu despertar, nos aconselhou: "Faça o seu trabalho sem expectativa pelos resultados. Eles não estão nas suas mãos. Outra pessoa decide o resultado. Sua responsabilidade é realizar atividades que são necessárias para o seu padrão, e não [ficar apegado aos] resultados. [...] Isso lhe trará felicidade."

É difícil, na nossa mentalidade orientada para a quantificação, compreender que não há nenhuma causalidade automática entre esforço e resultado. Isto é, no reino da criatividade humana, o *input* não garante, necessariamente, o *output*. Você pode ter feito tudo o que podia, e mesmo assim não funcionou como o planejado. Há variáveis demais para ficarmos no controle do resultado. Mesmo assim, muita gente fica presa à quantificação da sua legitimidade e valor de acordo com as suas realizações.

A chave aí é dissociar o seu senso de identidade das suas realizações. Mais cedo ou mais tarde, você precisará ver que o seu ser não depende do seu fazer, que o seu valor ou realização não depende de você ser bem-sucedido ou fracassar, ou de quanto você produz ou de quanto dinheiro ganha. O desapego aqui significa abandonar o perfeccionismo causador de *stress* e tendências *workaholic* e entender que a felicidade ou a satisfação não provém do fazer. Isso é um desafio maciço à ética puritana de trabalho, profundamente arraigada, que subjacentemente acredita na salvação pela realização. Nós nos salvamos desse massacre exaustivo quando nos lembramos de que o Reino do Céu está dentro de nós. Somente dentro de nós podemos encontrar aquilo que não depende de nada.

Mais profundo que ações e palavras é o ser silencioso, onde já estamos satisfeitos e realizados, inerentemente inteiros e em unidade com a vida. Aqui a liberdade e a alegria estão presentes e completas, não dependem dos altos e baixos do trabalho e da vida organizacional. À medida que passamos a conhecer a plenitude do ser, podemos ficar certos de que, tendo ou não atingido a nossa meta ou realizado nossos objetivos, apenas ser já é o bastante.

Podemos nos desapegar de retribuições e resultados quando apreciamos a nossa verdadeira natureza. Sem o sabor do conhecimento real, continuamos a buscar fora, e permanecemos aprisionados nas estratégias de sobrevivência do desejo e do medo. Papaji costumava nos dizer: "Você é um imperador, não um mendigo. Todo o tesouro do universo está dentro de você. Não mendigue nada." A reafirmação dos mestres nos permite abrir mão do impulso contínuo do desejo. "Você é a potencialidade infinita, a possibilidade inexaurível", dizia aos seus alunos o grande sábio hindu Nisargadatta Maharaj. "Porque você é, tudo pode ser. O universo é apenas uma manifestação parcial da sua ilimitada capacidade de se transformar."

Basta apenas um vislumbre dessa ilimitada abundância para compreender que a realização não provém de gratificar os nossos desejos, mas, em vez disso, de subsistir na ausência de desejo que existe antes de qualquer busca ou aversão. Essa é a percepção que testemunha o vai e vem do desejo e do medo sem apego, que não é pressionado para perseguir os resultados da sobrevivência. Quando não estamos mais engajados na luta pela sobrevivência, descobrimos que felicidade e satisfação são aspectos da nossa natureza original.

Essa percepção nos permite transformar os nossos desejos em preferências, e reduzi-los a poucos, mais críticos. Em nossa paciência e satisfação descobrimos que o universo nos oferece surpresas agradáveis. Aceitamos e desfrutamos o que nos é dado no momento, e não nos agarramos a isso quando já se foi. Permitimos que felicidade e tristeza, sucesso e fracasso, ganho e perda venham e vão.

A riqueza do bem-estar subjacente é nossa, quando não nos agarramos ao que vem e vai. Paradoxalmente, ao agarrar o efêmero, nós nos roubamos do eterno. O mestre zen Joshu Sasaki Roshi costumava nos dizer que a iluminação é, simplesmente, abraçar plena e completamente o nosso karma, isto é, a aceitação incondicional da nossa experiência de vida.

Igualmente desafiadora é a exigência de abrir mão do conhecimento. Como já dissemos sobre a intuição, à medida que mais informações nos ficam disponíveis, entendemos que sabemos cada vez menos sobre cada vez mais. Por um lado, eu diria que isso é preparar a nossa consciência para reconhecer o infinito. Por outro lado, significa que precisamos estar dispostos a operar com a percepção crescente da nossa ignorância e tomar decisões confortavelmente, sabendo que não dispomos de toda a informação — ou que os dados, mercados, sistemas econômicos, etc., estão mudando tão rapidamente que estamos basicamente improvisando, de qualquer maneira. Dar a si mesmo a permissão de não saber é especialmente desafiador numa cultura científica do intelecto, racional, do cérebro esquerdo, como a sua maneira principal de compreender e dar forma à vida. Seu senso de competência pode estar ameaçado até que você compreenda a sabedoria e o valor de não saber.

Não saber significa cultivar a "mente de iniciante", que é aberta e receptiva à mudança constante e rápida. O incrível surto de criatividade e inovação em ciência e tecnologia, em práticas de negócios e em formas organizacionais significa que não podemos nos apegar a velhas idéias e maneiras de fazer as coisas. Precisamos desenvolver uma mente ligeira, ágil, que não se apegue ao conhecido, que possa deixar velhas suposições e modelos, que seja flexível e alerta para se ajustar ao novo. Isso exige ouvir atentamente a vida e a nós mesmos. Cultivamos uma atenção circunstancial, que observa a vida de perto para detectar padrões emergentes e possíveis direções do fluxo. Na presença silenciosa, a intuição se torna o nosso guia.

Nossa disposição de não saber é plenamente coerente com a compreensão de que a máxima sabedoria surge do silêncio do não-pensamento. "Apenas Não Saber" é o principal ensinamento do mestre zen coreano Seung Sahn, não só porque a nossa natureza original brilha livremente na ausência de atividade mental, mas também porque a mente vazia, quieta, vê claramente a vida e responde apropriadamente a ela. Não saber — uma clareza alerta que não deve ser confundida com estupidez ou embotamento — é o portal para um conhecimento mais profundo.

É também irônico que sistemas de computador e informação, com sua capacidade de armazenar e recuperar quantidades maciças de informação,

A Liberdade no Fluxo de Trabalho   175

literalmente nos dêem mais oportunidade de permanecer quietos e vazios. Desde que saibamos como encontrar a informação, não temos de segurá-la. Tenho também pensado sobre a possível correlação entre o tamanho em expansão das memórias de computador e a rápida perda de memória correspondente que tenho vivenciado ultimamente!

Naturalmente, tudo isso de abrir mão — retribuições, resultados, conhecimento — nos coloca diante da necessidade de abrir mão do controle. Nosso desejo por controle é um componente psicológico, não um verdadeiro pré-requisito para o sucesso. Mas nunca saberemos disso até que possamos abrir mão dele, para descobrirmos por nós mesmos a liberdade que existe além de nossa necessidade de controle. O controle é uma estratégia egóica de sobrevivência que pode inicialmente servir à nossa busca de individuação, mas se torna um obstáculo-chave à autotranscendência. É a reação estratégica da mente ao medo, o nosso medo de não conseguir da nossa maneira, de perder, fracassar, de não chegar lá, de ser sobrepujado ou ficar fraco e inútil. O círculo vicioso de medo e controle bloqueia a nossa liberdade.

Confiança e Entrega

Podemos amenizar nossa tensa necessidade de controle, motivada pelo medo. Defino confiança de diversas maneiras, ao longo de um espectro de autopercepção e identidade em expansão. No nível mais básico, egóico, confiança é a crença de que tudo vai funcionar do jeito que eu quero. Esse centramento narcisista em si mesmo pressupõe que a vida existe para cumprir a minha vontade. À medida que amadurecemos, podemos compreender que não se consegue sempre o que se deseja, e assim desenvolvemos maior confiança em nós — confiança em que teremos o que for preciso para lidar com o que vier, quer seja de acordo com a nossa vontade ou não. Esse posicionamento representa um tipo egóico de maturidade, baseada em autoconfiança e afirmação pessoal.

Podemos também confiar em que tudo acontece para o melhor, de acordo com um propósito maior, mais profundo, que reconhecemos estar além das nossas questões egóicas de sobrevivência. Quer chamemos isso de vontade de Deus, de plano divino, providência, o Tao, karma, ou destino, essa perspectiva nos proporciona uma estrutura de compreensão dentro da qual podemos relaxar e deixar seguir. Podemos experimentar conforto, proteção e humildade, e nos permitir sujeitar a nossa vontade a um princípio mais elevado.

Para muitos ocidentais, a confiança se fundamenta na nossa fascinação pela idéia de progresso em direção a estados mais elevados do ser. Quer seja o enfoque judeu-cristão sobre o progresso espiritual para a salvação, o próximo milênio ou o retorno do Messias, ou o enfoque racional-secular-científico sobre o desenvolvimento histórico rumo a utopias sociais, inovação tecnológica e melhoria contínua, parecemos compelidos a ver a vida como um processo de transformação, do mais baixo para o mais elevado, de menos para mais. Nós nos confortamos com a crença de que a nossa vida, ou a história como um todo, está na verdade seguindo em direção a algo desejável.

Um recente desenvolvimento desse culto ao progresso é o atual casamento entre o holismo e a teoria dos sistemas, na idéia dos sistemas auto-organizados. A visão evolutiva ascendente vê na vida um processo auto-organizado em direção a novas formas de ordem, complexidade e consciência, à medida que os sistemas de vida se adaptam às exigências do ambiente em mudança. Mesmo períodos de mudança perturbadora e de desordem — como no nosso tempo atual de transformação — são vistos como cadinhos da transformação, em direção a níveis mais elevados de totalidade e ordem.

A visão holística da vida como um sistema integral interdependente, em rede, é outro caminho intelectual para a confiança. As ciências de estudos ambientais e a psiconeuroimunologia são inteiramente coerentes com a antiga imagem da Filosofia Perene, de que somos todos ondas no oceano do ser, cada um de nós uma forma temporária da unidade subjacente. Quando entendemos isso, como podemos não confiar? O que você tem a temer quando sabe que é o todo?

Todas essas estruturas intelectuais nos dão uma zona de conforto dentro da qual confiar e deixar seguir. Aqui a mente serve ao profundo anseio por autotranscendência. A mente é uma espada de dois gumes, tanto um instrumento de controle e sobrevivência do indivíduo como também o arquiteto da rede de segurança intelectual para a nossa projetada rendição. Contudo, a mente só pode nos levar até a beira do precipício. Temos então de dar o salto para dentro do mais profundo desejo do nosso coração.

Como Margaret Wheatley revelou tão pungentemente: "Quero parar de manter as coisas coesas. Quero vivenciar tamanha segurança que o conceito de 'permitir' — confiar que as formas apropriadas possam emergir — pare de ser assustador. Quero renunciar ao meu medo do universo e me tornar um membro participante, com todos com quem trabalho, numa organização que se mova graciosamente com seu meio ambiente, confiando na dança do desdobramento da ordem."

A rendição é o ato espiritual máximo. No campo de batalha competitivo, machista, da cultura ocidental, a rendição transmite má impressão. Ressoa como perda, derrota, fraqueza, humilhação, passividade. Essas preocupações refletem a recusa do ego de se dissolver na fonte, o seu medo de desaparecer. Assim, a rendição envolve a disposição de sentir medo. Temos de abraçar inteiramente a ansiedade ou o terror que pode muito bem surgir no próprio limiar da liberdade. Relaxar inteiramente e deixar a corrente de medo passar através de nós e se dissipar é libertador. Isso lhe mostra que o medo é uma contração da sua energia fundamental de vida, que pode agora ser vivenciada em seu estado natural como alegria, o que os hindus chamam de *ananda*, ou êxtase. A rendição é extasiante, como mostraram os grandes místicos Rumi, Kabir e outros amantes do supremo, em sua poesia inebriante. Na verdade, quando você prova a liberdade e a doçura da rendição, pode então apreciar a declaração de Stephen Nachmanovitch, músico e aprendiz de criatividade: "Não estou no ramo da música, não estou no ramo da criatividade; estou no ramo da rendição."

Inatividade Plena no Fluxo

Não se faz nada, e nada fica sem ser feito. — Ram Dass

A derradeira rendição no enfoque não-dual é abandonar a identificação exclusiva com o "agente". É a rendição do próprio eu-pensamento, que tem sido durante todo o tempo o obstáculo central à realização da nossa própria natureza e harmonia com o fluxo.

Lembro-me de ler repetidas vezes a resposta de Ramana Maharshi a alguém, que lhe perguntou se devia renunciar ao seu trabalho em favor da atividade espiritual:

O sentimento de "eu trabalho" é o impedimento. Pergunte a si mesmo: "Quem trabalha?" Lembre-se de quem você é. Então o trabalho não o embaraçará, mas prosseguirá automaticamente. Não faça esforço, nem para trabalhar, nem para renunciar; o seu esforço é que é a amarra. [...] Se estiver destinado a não trabalhar, o trabalho não pode existir, mesmo que você busque por ele. Se estiver destinado a trabalhar, não será capaz de evitá-lo. [...]

O Eu é universal, e assim todas as ações seguirão seu curso, quer você se esforce para empreendê-las ou não. O trabalho prosseguirá por conta própria.

Dar atenção ao Eu significa dar atenção ao trabalho. Como você se identifica com o corpo, pensa que o trabalho é feito por você. Mas o corpo e suas atividades, inclusive esse trabalho, não estão separados do Eu. [...]

Qual é a subcorrente que vivifica a mente, capacitando-a a fazer todo o trabalho? É o Eu. Assim, essa é a fonte real da sua atividade. Apenas fique consciente dela durante o trabalho e não se esqueça disso. Contemple o pano de fundo da mente, mesmo quando estiver trabalhando. [...] Evite a pressa, que faz com que você se esqueça. Seja deliberado. Pratique meditação, para aquietar a mente e fazer que ela se torne consciente da sua verdadeira relação com o Eu, que lhe dá suporte. Não imagine que é você quem está fazendo o trabalho. Pense que a corrente subjacente está fazendo isso. Identifique-se com a corrente. Se você trabalhar sem pressa, com ponderação, o seu trabalho ou serviço não precisa ser um estorvo.

O fluxo de trabalho é na verdade a mais simples das experiências. A essência da realização zen é às vezes descrita como "rache lenha, carregue água". À medida que você cumpre as suas tarefas diárias com a mente plenamente atenta ao aqui e agora, o "eu" se dissolve na corrente dinâmica de atividade. Não existe nenhum "você" separado do processo de trabalho; o trabalho está apenas acontecendo por si mesmo.

Jean Klein, o mestre suíço de Advaita, descreve o fluxo: "Na ação que brota da totalidade não há ator para atuar, há somente a ação. Você está vivendo, e o "eu" está ausente. No momento em que o "eu"-pensamento retorna, você fica consciente de si e preso no conflito. Na ausência desse pensamento, não há quem fale ou quem ouça, nenhum sujeito controlando um objeto. Só então há completa harmonia e adequação em cada circunstância."

Nesse fluxo, o trabalho se torna um veículo para a liberdade: uma libertação da ilusão de separação. Serve como um altar para a rendição do ego, um local para participar de algo além de nós mesmos, um ato de devoção ou adoração.

Chamo isso de inatividade plena no fluxo de trabalho. Ironicamente, agora que a experiência traumática de encolhimento das empresas revelou vividamente a ilusão da estabilidade de emprego no local de trabalho, podemos ter a oportunidade de encontrar o nosso santuário duradouro nesse espírito de inatividade total. Isto é, quando o "agente" está sem atividade — quando não há nenhuma identificação com o "eu" individual —, então o verdadeiro trabalho flui sem esforço.

Como diz a canção: "A liberdade é apenas uma outra palavra para nada mais a perder." Esse é o valor máximo da ausência de ego. Quando você age a partir do ego, é impelido pelas máquinas gêmeas do desejo e do medo, e fica preso no esforço da sobrevivência, de ganhar e perder, que sustenta o sofrimento. Quando você vem da ausência de ego, então está aqui com nada a perder. Desse lugar de equanimidade, pode assumir riscos necessários e dizer o que precisa dizer.

A Liberdade no Fluxo de Trabalho

A sabedoria transcendental vê além do "eu" agente, para o ser imutável que atua em todos os papéis. Aqui compreendemos o profundo significado do dito clássico de Shakespeare: "O mundo todo é um palco, e homens e mulheres, meramente atores."

Para atualizar a metáfora: A consciência desperta assiste ao filme tridimensional de luz e forma se manifestando no espaço. O filme da vida tanto é projetado como recebido pela mente como instrumento de criação. Assim, simultaneamente atuamos e assistimos ao nosso papel em nosso próprio filme. O ser consciente visualiza os altos e baixos dos personagens, embora permaneça imperturbável, da mesma forma que as imagens na tela do cinema nunca é afetada pelas formas que projeta. Quando há um incêndio no filme, as imagens ou a tela não queimam. Permanecer como a fonte consciente além de tudo isso é pura liberdade. É a morada definitiva, além mesmo do abrir mão, da confiança e da rendição. Pois nessa realização não há ninguém que precise tomar essas atitudes. Essa sabedoria nos liberta para estar aqui e jogar a partida do trabalho de forma leve.

Brincar é uma energia natural do Eu que surge espontaneamente, quando abandonamos o peso de preocupações egóicas e não somos mais massacrados pelo peso da nossa própria sobrevivência. Adoro a interpretação hindu de que toda a vida é a divina *lila* — o jogo cósmico do Eu supremo, realizado para o seu próprio divertimento e entretenimento. Eu me aventuraria até mesmo a sugerir que o propósito último da vida é brincar — que estamos aqui para gozar e partilhar o amor uns com os outros e, nessa brincadeira, permitir que a nossa criatividade produza a eterna inovação de idéias, tecnologia, produtos e serviços, que constituem o resultado real do trabalho. Imagine apenas como seria o local de trabalho se seguíssemos a sugestão de Frost de que "trabalhar é fazer apostas mortais", e permitíssemos que o espírito alegre da brincadeira inspirasse nosso trabalho.

"A diversão é sempre uma questão de contexto. Não é o que fazemos, mas como fazemos", comentou Nachmanovitch. "O trabalho criativo é divertimento; é livre especulação, que usa os materiais de nossa forma escolhida. [...] O humor do divertimento pode ser maligno ou supremamente solene. Quando os mais desafiadores serviços são empreendidos pelo espírito alegre de trabalho, eles são brincadeiras. [...]" A brincadeira libera a nossa energia para a contribuição total. Nosso desafio, então, é ver o nosso trabalho como uma brincadeira, e permitir que a leveza da nossa natureza original se irradie por meio do nosso trabalho e das relações com os companheiros de trabalho. No final das contas, o significado original da palavra inglesa *enlightenment* (iluminação) é *lighten up* (relaxe e divirta-se).

Sou afortunado por poder trabalhar agora com um grupo de gerentes que muito freqüentemente tem esse brilho de divertimento nos olhos. Às vezes são exuberantes, e podem ver seus trabalhos como brincadeiras, outras vezes, como um drama pesado. Os empreendedores bem-sucedidos com freqüência encaram o seu trabalho como uma saga heróica, uma aventura épica, uma história de mistério, um jogo interior, uma busca espiritual. Seja qual for a metáfora, certamente não é nada enfadonho. Realmente, nem todos os empregos se prestam aos aspectos leves do divertimento. Muitos de nós, recentemente, deixamos empregos ou redefinimos o trabalho e a carreira para ficar mais em harmonia com esse espírito.

No fluxo, qualidades e processos que anteriormente pareciam servir à mentalidade egóica são agora vistos como aspectos da consciência unitiva, desempenhando o seu papel como totalidade. Comprometimento, por exemplo, se torna um estado de entrega e confiança em cumprir o nosso destino. Como Joe Jaworski descreve com mestria a mudança na sua percepção como líder:

> Na minha antiga maneira de agir, eu estava muito seguro quanto à minha capacidade de me comprometer com algo. Compromisso significava disciplinar-se em ser fiel a alguma coisa. Aprendi cedo que o modo de se ganhar causas é fazer acontecer — trabalhar mais que a outra pessoa, agarrar o assunto e permanecer profundamente comprometido com o que se está fazendo. Esse é o tipo de compromisso em que você agarra o destino pelo pescoço e faz tudo o que é preciso para ter sucesso. Foi só bem depois que comecei a compreender um outro aspecto, mais profundo, do compromisso. Esse tipo de compromisso começa não com vontade, mas com disposição. Começamos a escutar a voz interior que nos ajuda a nos guiar à medida que a jornada se desdobra. O componente subjacente desse tipo de compromisso é a nossa confiança no desenrolar do nosso destino. Temos a integridade de permanecer em um "estado de entrega", como [Francisco] Varela se expressa, sabendo que, seja o que for que precisemos, no momento de cumprirmos o nosso destino, ficará disponível para nós. É nesse ponto que alteramos a nossa relação com o futuro.
>
> Quando vivemos nesse estado de compromisso, nos vemos como uma parte essencial do desdobramento do universo. Nesse estado de ser, a nossa vida é naturalmente insuflada com significado, e como diz Buber, sacrificamos a nossa "vontade pequena e limitada" pela nossa "grande vontade, que deixa de ser definida como 'estar destinado'."

Da mesma maneira, quando o "eu" se dissolve na totalidade, a responsabilidade assume o seu significado máximo: a capacidade para responder apropriadamente dentro do fluxo maior. Revela-nos o mistério de fazer e não fazer simultaneamente, o que os chineses chamam *wei wu wei*, não-ação ativa. O mistério não é resolvido intelectualmente; é vivido, mantido nas entranhas, e autorizado a existir. Como um aparente indivíduo, você age com total responsabilidade, fazendo escolhas e tomando decisões. Contudo, sabe que a totalidade — o seu eu maior — está fazendo tudo. Como me disse Lal Gordon, meu amigo de dharma: "Você escolhe, e não há nenhuma escolha." O debate tradicional, na filosofia ocidental, de "livre-arbítrio *versus* determinismo" fica preso ao pensamento ou/ou da estrutura dualista. Pelo ponto de vista não-dual, são ambos e é nenhum.

O grande mestre hindu de Advaita Ramesh S. Balsekar, um presidente de banco aposentado e ávido jogador de golfe, descreve este paradoxo:

> Você tem de agir na vida *como se* fosse o agente, sabendo que *não* é o agente.
>
> O ser humano vive de ficções. Por exemplo, o ser humano sabe que o Sol é fixo e que é a Terra que está em movimento; mas, não obstante, em sua vida diária ele aceita a ficção de que o Sol se levanta e se põe.
>
> Assim, a compreensão [...] é de que você não tem nenhum livre-arbítrio, mas na vida você tem que agir como se tivesse livre-arbítrio. [...] Assim, o significado de *como se* é muito claro ... você tem de agir. Na verdade, você não pode *não* agir. O organismo mente-corpo tem de reagir a um evento. Você tem de tomar decisões, e tem de fazê-lo como se elas fossem decisões suas.
>
> Deixe a sua compreensão intelectual ser a de que você não é o agente e continue a agir como se fosse o agente. Com o correr do tempo, a compreensão intelectual de que você não é o agente ficará mais profunda, e todas as ações que acontecerem serão reconhecidas como ações espontâneas, não "suas" ações.
>
> Quando esse "eu" desaparece, então a compreensão é de uma natureza diferente; então, não haverá nenhum "eu" querendo fazer alguma coisa. Então, o que acontecer acontecerá por conta própria, com o "eu" ausente dali.

Aqui o indivíduo e o todo são vistos como uma mesma coisa, e diferentes de imediato — duas expressões do mistério indescritível. Semelhança e diferença são ambas qualidades do ser, da mesma forma que a unidade inclui a dualidade. A multidão e a unidade, ação individual e fluxo, a onda e o oceano, essa é a dança daquele que está fazendo tudo, desdobrando-se perfeitamente. Nós, como indivíduos, somos o caminho em que Ele se manifesta como o mundo. Participando conscientemente desse processo, nós interpretamos livremente a ilimitada criatividade da sabedoria no trabalho.

BIBLIOGRAFIA

Esta não é uma tentativa de fazer um levantamento da vasta literatura sobre trabalho, liderança, alto desempenho, Filosofia Perene e espiritualidade mundial, filosofia, psicologia, estudos da mente-corpo e da saúde holística. Registro aqui os escritos e autores citados no texto, ou que foram essenciais ao meu pensamento e inspiração.

American State Papers. Nº 43 de *Great Books of the Western World*, organizado por Mortimer J. Adler. Chicago: Enciclopédia Britânica, 1952. Contém a "Declaração de Independência", Constituição dos Estados Unidos e os documentos federalistas e escritos de John Stuart Mill.

Autry, James. *Love and Profit: The Art of Caring Leadership*. Nova York: Avon Books, 1991.

_____. *Life and Work: A Manager's Search for Meaning*. Nova York: William Morrow and Co. 1994. O executivo e poeta Autry reflete sobre a integração entre consciência e trabalho.

Balsekar, Ramesh S. *Consciousness Speaks*. Organizado por Wayne Liquorman. Redondo Beach, CA: Advaita, 1992. Balsekar, um mestre vivo de Advaita, um ex-banqueiro bem-sucedido, descreve a simplicidade da consciência iluminada.

Bennis, Warren e Burt Nanus. *Leaders: The Strategies for Taking Charge*. Nova York: Harper & Row, 1986. Estudo sucinto de liderança transformativa enfatizando autogestão, visão, comunicação, capacitação, confiança, sabedoria emocional, autoconsideração positiva.

The Holy Bible. Versão do rei Jaimes. Nova York: American Bible Society.

_____. Nova Versão Internacional. Grand Rapids. Zondervan.

Bolan, Lee G. e Terrence E. Deal. *Leading With The Soul: An Uncommon Jorney of Spirit*. São Francisco: Jossey-Bass, 1995. Dois especialistas em liderança exploram as dimensões espirituais da liderança, com introspecção sensível e exemplos práticos de sua pesquisa.

Block, Peter. *The Empowered Manager*. São Francisco: Jossey-Bass, 1987. Um estudo erudito, prático, de como ser capacitado em organizações, com um equilíbrio elegante de realidades políticas e dimensões psicológicas e espirituais. Um modelo inspirador, que me deu esperança de que essa integração seja possível no trabalho.

_____. *Stewardship: Choosing Service over Self-Interest*. São Francisco: Berret-Koehler, 1993. Integração dos aspectos práticos e espirituais de organizações líderes atuais por um consultor inteligente, enfocando serviço, sociedade e autonomia como funções-chave de liderança iluminada.

Brunton, Paul. *The Notebook of Paul Brunton*, 16 vols. Burdett, NY: Larson Publications, 1984-1988. Uma apresentação abrangente, detalhada, de praticamente todos os aspectos da Filosofia Perene, por um dos pioneiros da renascença espiritual do Ocidente neste século.

Bucke, Richard M. *Cosmic Consciousness*. Secaucus, NJ: University Books, 1961 (1901). Um estudo brilhante e ainda relevante das experiências de iluminação de muitos indivíduos através da história, inclusive americanos comuns no século XIX. É reconfortante ver quão comum tem sido a experiência do despertar.

Capra, Fritjof. *The Turning Point*. Nova York: Simon & Schuster, 1982. Uma das pesquisas mais sistemáticas do "Novo Paradigma" de uma visão mundial holística, ecológica, espiritual, integrando acadêmicos, as ciências e espiritualidade. [*O Ponto de Mutação*, publicado pela Editora Cultrix, SP, 1986.]

_____. *The Web of Life*. Nova York: Anchor/ Doubleday, 1996. Apresentação ponderada de ecologia profunda e a visão de vida, holística, de sistemas. [*A Teia da Vida*, publicado pela Editora Cultrix, SP, 1997.]

Chappell, Tom. *The Soul of a Business: Managing for Profit and the Common Good*. Nova York: Bantam, 1993. Como o líder de Tom's of Maine combinou um agudo tino para negócios e um diploma da Harvard em teologia para cultivar valores e espiritualidade duradouros num negócio bem-sucedido.

Chardin, Pierre Teilhard de. *The Phenomenon of Man*. Nova York: Harper & Row, 1959. Uma pesquisa brilhante, profética, visionária da evolução espiritual da humanidade e da Terra, integrando ciência evolutiva e revelação cristã. Teilhard, um paleontólogo jesuíta místico, vê a humanidade avançando rumo a uma consciência comum, unificadora, global.

Covey, Stephen R. *The Seven Habits of Highly Effective People*. Nova York: Fireside, 1989. Uma visão embuída de princípios sobre o poder de paradigmas, valores e crenças no desenvolvimento do caráter, como base para viver com eficácia. Este *best-seller* de longa data sensibilizou o nervo espiritual em nossa cultura.

Csikszentmihaly, Mihaly. *Flow: The Psychology of Optimal Experience*. Nova York: Harper & Row, 1990. Um estudo abrangente da experiência do fluxo, que integra aspectos psicológicos e espirituais, com base em uma ampla gama de exemplos, com sugestões de como viver no dia-a-dia da melhor maneira possível.

Davis, Martha, *et al*. *The Relaxation and Stress Reduction Workbook*. Oakland: Nova Harbinger, 1982. Um excelente manual de técnicas.

Dass, Ram. *Be Here Now*. Novo México: Lama Foundation, 1971.

_____. *Journey of Awakening*. Nova York, Bantam, s.d.

_____ e Paul Gorman. *How Can I Help?: Stories and Reflexions on Service*. Nova York: Knopf, 1985.

_____ e Mirabai Bush. *Compassion in Action: Setting Out on the Path of Service*. Nova York: Bell Tower, 1992. Ram Dass (Richard Alpert) levou toda uma geração para o mundo interior da consciência e transcendência. Foi um dos mais queridos mestres espirituais da América, e um dos mais claros proponentes da Filosofia Perene, desde que seu revolucionário *Be Here Now* se tornou um livro espiritual para os adeptos contemporâneos. Trabalhos posteriores detalharam tanto os aspectos práticos como os filosóficos de vivenciar a espiritualidade na vida diária.

Deshimaru, Taisen. *The Ring of the Way*. Nova York: E. P. Dutton, 1983. Um relato sucinto da essência do zen na tradição de Dogen, por um mestre japonês contemporâneo. [*O Anel do Caminho*, Ed. Pensamento, SP, 1987.]

The Dhammapada. Organizado por Juan Mascaró. Nova York: Penguin, 1973. Tradução do páli de aforismos de antigos ensinamentos budistas sobre o "caminho da perfeição".

Eckhart, Meister. *Meister Eckart*. Traduzido por Raymond Blakney. Nova York: Harper & Row, 1944. Eckhart, o excepcional gigante do misticismo católico medieval, descreve o cerne da realização não-dual em uma singular linguagem cristã de enfoque universal.

Emerson, Ralph Waldo. *The Selected Writings of Ralph Waldo Emerson*. Organizado por Brooks Atkinson. Nova York: Random House, 1940.

_____. *Selections from Ralph Waldo Emerson*. Organizado por Stephen E. Whicher. Boston: Houghton Mifflin, 1960. Senti imediata afinidade com a tentativa de Emerson, de toda uma vida, de integrar o espiritual na vida diária americana. Um verdadeiro sábio americano na tradição não-dual, Emerson expressa uma visão iluminada, que é tão relevante hoje como foi no seu tempo.

Emery, Marcia. *Intuition Workbook*. s.l.: Prentice-Hall, 1994.

_____. *The Power of Intuition* (fita). 1997. Os livros e fitas da dra. Marcia Emery são excelentes introduções práticas ao uso da intuição e técnicas para acessar a nossa sabedoria mais profunda.

Fanning, Patrick. *Visualization for Change*. Oakland, CA: Nova Harbinger, 1982. Manual prático sobre o uso da visualização numa ampla variedade de aplicações.

Frost, Robert. *The Poetry of Robert Frost.* Organizado por Edward C. Lathem. Nova York: Holt, Rinehart & Winston, 1969. Um clássico americano de grande profundidade espiritual.

Garfield, Charles. *Peak Performers.* Nova York: William Morrow, 1986. Estudo em profundidade das características-chave e das práticas de alto desempenho em muitas áreas.

Geldard, Richard. *The Esoteric Emerson: The Spiritual Teachings of Ralph Waldo Emerson.* Hudson, NY: Lindisfarne, 1993. Um profundo mergulho no âmago místico da experiência e dos ensinamentos de Emerson.

Gershon, David, e Gail Straub. *Empowerment.* Nova York: Delta, 1989. Uma introdução útil e manual prático das diretrizes e técnicas de capacitação pessoal. Enfatiza o poder da mente, a identificação e transformação de sistemas de crenças, os instrumentos de afirmação e visualização em muitas áreas de nossa vida.

Goleman, Daniel. *The Meditative Mind.* Los Angeles: Tarcher, 1988. Boa introdução a uma ampla variedade de técnicas de meditação provenientes de todo o mundo.

Gozdz, Kazimierz, org. *Community Building: Renewing Spirit and Learning in Business.* São Francisco: New Leaders Press, 1995. Excelente coletânea de artigos de grandes especialistas sobre muitas dimensões da comunidade no desenvolvimento de organizações mais conscientes.

Hanh, Thich Nhat. *The Miracle of Mindfulness: A Manual in Meditation.* Boston: Beacon, 1965. Excelente instrução sobre a prática de atenção da mente.

_____. *Being Peace.* Berkeley, CA: Parallax, 1987. Clássico de orientação espiritual de um mestre budista vivo. [*Vivendo em Paz*, Ed. Pensamento, SP, 1996.]

Houghton, James R. "The Growth Imperative A Call to Leadership and Values." Discurso ao Grupo de Gestão Empresarial, Corning Incorporated, janeiro de 1994. O ex-presidente da Corning faz uma declaração sincera do poder dos valores na transformação da empresa.

Huang Po. *The Zen Teachings of Huang Po.* Nova York: Grove, 1958. Um de meus primeiros professores, este antigo mestre zen chinês lança clarões de sabedoria que esclarecem a simplicidade de estar desperto.

Hurley, Thomas J., III, "Altruistic Spirit Program." *Noetic Sciencies Reviews*, Nº5, Inverno, 1987, 11-16. Sobre a promoção de serviços altruístas do Instituto de Ciências Noéticas e o poder da compaixão.

Huxley, Aldous. *The Perennial Philosophy.* Nova York: Harper & Row, 1970. O clássico e magistral estudo da sabedoria perene e da consciência unitiva com citações das maiores religiões e místicos do mundo, que mostram semelhanças subjacentes. [*A Filosofia Perene*, Ed. Cultrix, SP, 1991.]

Insight Consulting Group. "Managing Accelerated Performance." Material de acompanhamento [*workshop*], 1986. Excelente visão de como sistemas de crenças, declaração e visualização servem como base para o gerenciamento eficaz de tempo e alto desempenho.

Jackson, Phil e Hugh Delehanty. *Sacred Hoops: Spiritual Lessons of a Hardwood Warrior.* Nova York: Hyperion, 1995. Fascinante relato da vida espiritual do próprio Phil Jackson, e de como esse treinador introduziu a meditação e a percepção espiritual no campeão da NBA Chicago Bulls.

Jaworski, Joseph. *Synchronicity: The Inner Path of Leadership.* São Francisco: Berret-Koehler, 1996. Filho de Leon Jaworski, ex-promotor especial do Watergate, ele descreve sua transformação pessoal em um líder direcionado para o mundo interior, e como o novo pensamento está redefinindo hoje a nossa visão de liderança.

Kabir. *The Kabir Book.* Traduzido por Robert Bly. Boston: Beacon, 1977.

_____. *Songs of Kabir.* Traduzido por R. Tagore. Nova York: Samuel Weiser, 1977. A poesia extasiante, alegre, mística do grande santo hindu do século XV, Kabir. Expressa tanto as tradições hindus e sufi do caminho *bhakti* da união do Amante e da Bem-amada no coração da Filosofia Perene.

Klein, Jean. *The Ease of Being.* Durham. NC: Acorn, 1984.

_____. *I Am.* Santa Barbara, CA: Third Millenium, 1989. Mestre Advaita suíço, antes musicólogo e médico, Klein descreve o processo e a experiência do seu despertar para a plena autoconsciência. Seu enfoque direto enfatiza a percepção silenciosa, a aceitação incondicional e a plena atenção de sentir no aqui e agora.

Krishnamurti, J. *The First and Last Freedom.* Nova York: Harper & Row, 1954.

_____. *Krishnamurti's Notebook.* Nova York: Harper & Row, 1976. Descrições penetrantes, sucintas, de uma consciência não-dual, fluente, sem desvios, por um dos grandes sábios do século XX. [*Diário de Krishnamurti*, publicado pela Editora Cultrix, SP, 1984.]

Lao-Tsé. *The Way of Life According to Lao Tzu.* Traduzido por Witter Bynner. Nova York: Putnam, 1944. Minha tradução favorita, poética, do grande clássico chinês da vida desperta, um dos livros mais traduzidos do mundo, que sem esforço integra consciência profunda, aconselhamento e liderança além de apresentar sugestões práticas para ter uma vida simples, em harmonia com o modo de vida. O livro de John Mabry inclui outra tradução (veja abaixo).

Mabry, John R. *God as Nature Sees God: A Christian Reading of the Tao Te Ching.* Rockport, MA: Element Inc., 1994. Uma tradução lúcida do *Tao Te Ching* de Lao-Tsé, com valiosos comentários sobre paralelos entre o cristianismo e o taoísmo.

MacDonald, Copthorne. *Toward Wisdom: Finding Our Way to Inner Peace, Love and Happiness.* Ontário, Canadá: Hounslow, 1993. Um enfoque completo e lúcido dos temas comuns de sabedoria das tradições espirituais, filosóficas, psicológicas e científicas do mundo, por um ex-engenheiro.

Maslow, Abraham. *Religions, Values, and Peak-Experiences.* Nova York: Viking-Penguin, 1978. Um dos clássicos sobre auto-individuação e autotranscendência do ponto de vista ocidental.

Muggeridge, Malcolm. *Something Beautiful for God: Mother Teresa of Calcutta*. Garden City: Doubleday, 1977. Um retrato comovente, realista, de uma verdadeira santa na vida diária, e de como a sua profunda visão mística impregnava o seu trabalho diário.

Nachmanovitch, Stephen. *Free Play: The Power of Improvisation in Life and the Arts*. s. l.: Putnam/Tarcher, 1991.

_____. "The Criative Moment. Mind at Play." *Intuition*, vol. 2, Nº I, 5ª edição (1995). Músico e aprendiz de criatividade, Nachmanovitch brilhantemente integra uma visão espiritual transcendental e a compreensão da consciência não-dual em seu estudo profundo, abrangente da brincadeira e da improvisação.

Nisargadatta Maharaj, Sri. *I Am That*. Traduzido por Maurice Frydman. Durham, NC: Acorn, 1973.

_____. *Seeds of Consciousness*. Organizado por Jean Dunn. Durham, NC: Acorn, 1982. O Maharaj, um moderno mestre hindu iluminado (1897-1981), apresenta um quadro surpreendente e apaixonante da suprema consciência, que tocou milhares de adeptos espirituais em todo o mundo.

Noer, David M. *Healing the Wounds: Overcoming the Trauma of Layoffs and Revitalizing Downsized Organizations*. São Francisco: Jossey-Bass, 1993. Comovente descrição dos efeitos do encolhimento das empresas e enfoques positivos para levantar o moral e aumentar o bem-estar dos sobreviventes.

Pattakos, Alex e Roger Frantz. *Intuition at Work*. São Francisco: New Leaders Press, 1997. Coletânea de ensaios sobre as muitas dimensões da intuição e da consciência no trabalho e nos negócios.

Pert, Candace B. *Molecules of Emotion*. Nova York: Scribner, 1997. Pesquisa sobre a mente-corpo e a psiconeuroimunologia.

Poonja, Sri H.W.L. *Wake Up and Roar, 1992-93*, 2 vols. Kula, HI: Pacific Center. A primeira publicação de *satsangs* selecionados com Papaji.

_____. *Papaji: Interviews*. Editado por David Godman. Boulder, CO: Avadhuta, 1993. Entrevistas, a maioria com alunos e jornalistas ocidentais, com Papaji, dando uma clara apresentação de seus ensinamentos e de sua vida. Editado com perícia por seu aluno e destacado seguidor David Godman.

_____. *The Truth Is*. Lucknow, Índia, 1995. Uma soberba edição e seleção dos ensinamentos-chave, através de seus *satsangs* — perguntas e respostas com seus alunos —, que apresenta o melhor perfil desse mestre da tradição Advaita indiana.

Rabbin, Robert. "The Koan of Leadership," em John Renesch, org., *Leadership in a Nova Era: Visionary Approaches to the Biggest Crisis of Our Time*. São Francisco: Berret-Koehler, 1994. Visão profunda e sutil da liderança, a partir da perspectiva não-dual. O trabalho de Rabbin expressa uma visão pura, autêntica.

Ramana Maharshi. *Be As You Are: The Teachings of Sri Ramana Maharshi*. Organizado por David Godman. Nova York: Viking/Penguin, 1992. Uma tradução lúcida e bem informada dos ensinamentos de Ramana Maharshi, por um dos mais destacados estudantes ocidentais do caminho de Advaita. O Maharshi, um farol de iluminação, foi um dos mais conhecidos e estimados sábios do século XX.

Ray, Paul H. "The Rise of Integral Culture." *Noetic Sciences Review*, nº 37 (Primavera, 1996), 5-15. Relato demográfico e histórico do crescimento de um setor da população dos Estados Unidos, engajado num modo de vida espiritual, holístico, ecológico.

Renesh, John, org. *Leadership in a Nova Era: Visionary Approaches to the Biggest Crisis of Our Time*. São Francisco: Berret-Koehler, 1994. Antologia de escritos de pensadores proeminentes sobre liderança, organizações e consciência. [*Liderança para uma Nova Era*, publicado pela Ed. Cultrix, SP, 1999.]

Renesch, John, e Bill DeFoore. *The New Bottom Line: Bringing Heart and Soul to Business*. São Francisco: Sterling & Stone/New Leaders Press, 1996. Excelente antologia de consultores e homens de negócios proeminentes sobre a relevância do espiritualismo, dos valores, do amor, da autodescoberta, da consciência e da cura no mundo dos negócios e da empresa.

Rossman, Martin, M.D. *Healing Yourself: A Step-by-Step Program for Better Health through Imagery*. Nova York, Walker, 1987. Descrição prática, detalhada, de como usar imagens para promover a saúde e o bem-estar.

Rumi, Jalal al-Din. *The Essential Rumi*. Traduzido por Coleman Barks. Nova York: Harper, 1995. Geralmente considerado o maior poeta místico do Islã, esse dervixe, santo, professor e filósofo sufi do século XIII expressa de forma delicada o êxtase da iluminação.

Russell, Peter. *The Global Brain Awakens: Our Next Evolutionary Leap*, 2ª ed. Palo Alto, CA: Global Brain, 1995. Discussão inspirada da evolução da sociedade, da tecnologia e da consciência em direção a um maior despertar da consciência planetária, com reflexões no papel da Internet e comunicações globais em um emergente cérebro global.

Scherer, John, com Larry Shook. *Work and the Human Spirit*. Spokane, WA: John Scherer, 1993. Experiências pessoais do consultor John Scherer, e seu trabalho orientando executivos, me confirmaram que o crescimento do espírito humano é essencial para a sobrevivência organizacional e me deram um modelo para integrar espírito e trabalho.

Scholem, Gershom G. *Major Trends in Jewish Mysticism*. Nova York: Schocken, 1941. Um estudo magnífico, acadêmico e erudito da singularidade do misticismo judeu e, por implicação, dos aspectos universais que partilha com a Filosofia Perene e a consciência não-dual.

Seung, Sahn. *Only Don't Know: The Zen Letters of Zen Master Seung Sahn*. São Francisco: Four Seasons, 1982. Cartas diretas, íntimas, encorajadoras a estudantes sobre viver o zen na vida diária, por um mestre zen coreano, fundador do Providence Zen Center e de centros relacionados nos Estados Unidos e no mundo.

Siegel, Bernie. *Love, Medicine and Miracles*. Nova York: Harper & Row, 1986. Um relato clássico, pessoal, comovente de um cirurgião e oncologista sobre a sua experiência trabalhando com pacientes com câncer. Brilhante descrição de estudos holísticos da mente-corpo e do poder do amor no processo de cura.

Simonton, O. Carl, Stephanie Matthews-Simonton e James L. Creighton. *Getting Well Again*. Nova York: Bantam, 1980. Estudo desbravador do uso bem-sucedido de Simonton de técnicas de cura da mente-corpo, em seu Cancer Counseling and Research Center. Elas inspiraram novas pesquisas e práticas no uso de técnicas emocionais e mentais na cura.

Smothermon, R. *Winning through Enlightenment*. São Francisco: Context, 1980. Uma apresentação direta de enfoques da "apreensão de idéias" no estilo oriental.

Spangler, David. *Manifestation: The Inner Art*. Morningtown, 1988. Profeta e místico americano contemporâneo, Spangler se baseia na sabedoria antiga para dar suas sugestões práticas de como criar a nossa experiência e vida.

Suzuki, Shunryu. *Zen Mind, Beginner's Mind*. Nova York: Weatherhill, 1970. Minha primeira introdução ao zen, esta descrição simples de meditação e clareza pelo amado fundador do San Francisco Zen Center inspirou muitos a se concentrarem na verdade interior.

Tapscott, Don. "Leadership for the Internetworked Business." *Information Week* 13 de novembro, 1995, 65-72.

_____. *The Digital Economy: Promise and Peril in the Age of Networked Intelligence*. Nova York: McGraw-Hill, 1996. Tapscott discute novas formas de liderança e trabalho na idade da rede de computadores.

Trungpa, Chögyam. *The Myth of Freedom*. Boston: Shambhala, 1976. [*O Mito da Liberdade e o Caminho da Meditação*, Ed. Cultrix, SP, 1988.]

_____. *Shambhala: The Sacred Path of the Warrior*. Boulder: Shambhala, 1985. [*Shambhala — A Trilha Sagrada do Guerreiro*, Ed. Cultrix, SP, 1992.]Trungpa, um mestre budista tibetano formado em Oxford, fundou o Naropa Institute em Boulder e traduziu habilmente os profundos ensinamentos tibetanos sobre iluminação e vida para os seus alunos americanos contemporâneos.

Turkle, Sherry. *The Second Self: Computers and the Human Spirit*. Nova York, Simon & Schuster, 1984.

_____. *Life on the Screen: Identity in the Age of the Internet*. Nova York: Simon & Schuster, 1995. Estudos e reflexões esclarecedores sobre o impacto difuso dos computadores e do ciberespaço na sociedade moderna, com profunda compreensão das dimensões psicológicas e espirituais de quem achamos que somos e de como vivemos. Leitura muito rica.

The Upanishads. Organizado por Juan Mascaró. Nova York: Penguin, 1965. Tradução de grandes tratados espirituais selecionados do sânscrito, da antiga Índia, que dão expressões sucintas da consciência unitiva.

Walsh, Roger. "Perennial Wisdom in a Postmodern World". *Inquiring Mind*, 12:I (Outono de 1995), 6-8. Atualização da Filosofia Perene.

Watts, Alan. *The Wisdom of Insecurity*. Nova York: Pantheon, 1951. Watts revela a sabedoria que proporciona verdadeira proteção numa era de insegurança.

_____. *The Book on the Taboo against Knowing Who You Are*. Nova York: Vintage, 1966. Watts nos dá uma explanação moderna, ocidental e condimentada com seu espírito e lucidez usuais, da antiga sabedoria dos Vedas hindus, que transcende a ilusão do indivíduo separado até chegar ao Eu subjacente do universo.

Wheatley, Margaret J. *Leadership and the New Science*. São Francisco, Berret-Koehler, 1992. Um livro completo, ganhador do prêmio de melhor livro de negócios daquele ano, descreve a relevância do novo pensamento em física quântica, evolução, sistemas completos, informação e outras novas ciências para uma visão radical de liderança e organizações. [*Liderança e a Nova Ciência*, Ed. Cultrix, SP, 1996.]

_____. "The Unplanned Organization". *Noetic Sciences Review*, nº 37 (Primavera de 1996), 16-23. Conversação sagaz sobre criatividade, auto-organização e mudança na natureza, e as implicações para as organizações.

Wheatley, Margaret J., e Myron Kellner-Rogers. *A Simpler Way*. São Francisco: Berret-Koehler, 1996. Um olhar belo e filosófico sobre liderança, organizações, vida e consciência, sugerindo uma abertura leve, alegre ao aprendizado em harmonia com o fluxo auto-emergente de mudança e novas possibilidades. [*Um Caminho mais Simples*, Ed. Cultrix, SP, 1998.]

Whitman, Walt. *Leaves of Grass*. Nova York: Modern Library, [1855]. Um autêntico sábio americano iluminado dá um sabor singular e exuberante de Novo Mundo à sabedoria perene, nesta ousada poesia lírica.

Whyte, David. *The Heart Aroused: Poetry and the Preservation of the Soul in Corporate America*. Nova York: Currency/Doubleday, 1994. Introspecção lírica e penetrante de um poeta, usando a poesia para sondar as profundezas do despertar espiritual e as possibilidades de bem-estar em meio à vida empresarial de hoje. Mostra uma gama de caminhos para satisfazer o profundo anseio por significado, transcendência e alegria no local de trabalho.

Wilber, Ken. *The Spectrum of Consciousness*. Wheaton, IL: Quest, 1977. [*O Espectro da Consciência*, Ed. Cultrix, SP, 1990.]

_____. *No Boundary: Eastern and Western Approaches to Personal Growth*. Los Angeles: Center, 1980.

_____. *A Brief History of Everything*. Boston: Shambhala, 1996. Considerado "o Einstein dos estudos da consciência", Wilber brilhantemente integra a essência dos caminhos mundiais da sabedoria para a totalidade e auto-realização. Estudioso de longa data e praticante espiritual, Wilber proporciona explicações lúcidas da natureza e do desenvolvimento da consciência unitiva.

Wolf, Fred Alan. *Star Wave: Mind Consciousness and Quantum Physics*. Nova York: Macmillan, 1984. Reflexões de um físico sobre os mistérios e conexões da física e da consciência.